Knud Eike Buchmann

*LebensWeise*

# *LebensWeise*

Knud Eike Buchmann

Steinmann

*Für Ilka und Monika –*
*der nächsten Generation*

Erste Auflage

ISBN 978-3-927043-62-6
Covergestaltung: Elsa von Rahden, Fischerhude
Titelfoto: © Emily Andrae, Alpenüberquerung
Autorenfoto: privat
Herstellung: BoD – Books on Demand GmbH, Norderstedt

www.steinmannverlag.de

## Dank

So vielen Menschen bin ich begegnet, von so vielen habe ich gelernt, mit so vielen habe ich gelebt, gelitten und gelacht. Wir haben zusammen gearbeitet und gefeiert. So viele Bücher, darunter ganz alte und immer wieder neue, habe ich gelesen. Vorträge habe ich gehört und gehalten, in Diskussionen ging es oft sehr lebendig zu. So sind Gedanken gereift wie Kristalle in einer Nährflüssigkeit aus geistiger Regsamkeit und wissenschaftlichem Interesse. In der ständigen Auseinandersetzung dieser so unterschiedlichen Begegnungen wuchs mir die Erkenntnis zu, dass Wunsch und Wirklichkeit, Weg und Ziel die gesamte Lebensdynamik bestimmen. Und ich durfte tiefe Einblicke in die Lebensschicksale anderer Menschen nehmen.

Für all das gilt es dankbar zu sein. Menschen haben mich geleitet, gefördert und gefordert. Manche haben mich getragen und auch einige ertragen. Danke dafür, dass wir gemeinsam ein Stück Weg in dieser unvollkommen-schönen Welt gegangen sind und gehen können. Die hier gesammelten Erfahrungen gebe ich gern und bescheiden in eine interessierte Öffentlichkeit.

## Inhaltsverzeichnis

## Gedanken vorweg ...

Nein, hier gibt es keine „Schnellkost“ in Sachen Weisheit – und hier schreibt auch nicht ein Guru, der jahrelang in Asien gelebt oder in der Wüste meditiert hat. Ich bin ein alter, erfahrener, vom Leben geprüfter Mann, der jahrelang in sehr verschiedenartigen Berufsfeldern gewirkt hat, der als Psychotherapeut, Schriftsteller und Polizeipsychologe, als Berater und Begleiter (Coach) von Führungskräften in der Wirtschaft, in Verwaltungen und Behörden, aber auch in der Politik Erfahrungen gesammelt und zum Teil auch weitergegeben hat. Am meisten habe ich wohl bei den vielen Paartherapien gelernt und am schwierigsten sind mir stets Sterbebegleitungen geworden, in die ich mehr oder weniger direkt einbezogen war. Trauernde, Verzweifelte, seelisch Geschädigte (Traumatisierte) und beruflich Überforderte haben bei mir Rat und Unterstützung gesucht und gefunden.

Aber ich bin darüber kein „Sorgenonkel“ geworden, der das Leben nur von der Leidensseite kennt. In der Natur, bei der sportlichen Bewegung und in den vielfältigen Begegnungen mit liebenswerten Menschen aber auch als „Hundler“ auf den langen Wanderungen mit meinen Hunden habe ich nachgedacht, aufgeräumt, weiterentwickelt ... was mir Menschen mit ihren Geschichten anvertraut haben. Ich habe in alten und neuen Bücher gelesen, habe diverse Aufsätze verfasst und Bücher geschrieben, die die schönen Seiten des Lebens zum Gegenstand hatten. In einer liebevollen Beziehung zu meiner Frau und den Kindern bzw. Enkeln bin ich ganz „normal“ ins Alter hineingewachsen, ohne selber krank zu werden oder belastet zu sein.

Immer mal wieder wurde der Wunsch an mich herangetragen, meine Erfahrungen vor dem Spiegel der jeweiligen Biographie von Menschen mitzuteilen, bzw. sie in schriftlicher Form zur Verfügung zu stellen. Soll „man“ das tun? Soll ich das tun? Kann ein in die Jahre gekommener älterer Mensch etwas dazu beitragen, dass jüngere Menschen aus seinen Erfahrungen lernen? Wenn ich auf mein Leben zurückschaue, das im Zweiten Weltkrieg begann, hätte ich mir wohl zu bestimmten Zeiten solch einen Lehrer gewünscht, der – unaufdringlich und wertschätzend – Hinweise und Anregungen gibt, der bestimmte

Themen mit kritischen und anregenden Gedanken anreißt, so dass ich mir selbst mein Urteil hätte bilden können. Und auf der Suche nach Lehrern habe ich Vieles gefunden und gelernt, was durchaus als „Weisheit der Menschheit" bezeichnet werden kann. Es sind die Weisheitslehrer der Antike, die Weisen in Asien, aber auch die spirituellen Lehrer der verschiedenen Religionen, die mich inspiriert haben. Ich habe bei den modernen Philosophen gehört und gelesen – habe manches verstanden und manches auch nicht. Vor allem habe ich immer wieder geprüft, ob die niedergeschriebenen Weisheiten auch für das alltägliche Leben geeignet sind. Dabei ist es mir vor allem um die Seelische Gesundheit (Psycho-Hygiene) gegangen; denn ich habe die Erfahrung gemacht, dass Schlüsselpunkt für jedes Befinden – positiv wie negativ - letztlich die innere Haltung, die Einstellung ist bzw. die in der Person liegende Kraft.

Ich sage hier nicht, was „richtig" oder „falsch" ist. Wenn ich beim Leser/der Leserin erreichen könnte, dass er oder sie erkennt, wie sehr wir alle durch „zwanghafte Bedingtheiten" konditioniert sind – und dass wir das ändern können, wäre das Ziel dieses Buches erreicht. Ich spreche oder schreibe davon, was sich – aus meiner Sicht – bewährt hat und was ich gern als „Gedankenfutter" dem Leser anheim stellen möchte. Wir haben die Freiheit, unser Leben in einem großen Maße selbst zu bestimmen – und wir müssen auch die Verantwortung für das übernehmen, was wir tun oder unterlassen. Wir können ein intensives Leben in Freiheit und Schönheit führen.

Man kann diese Kraft Überzeugung oder Einstellung, vielleicht aber auch Bewusstheit bzw. geistig-emotionale Balance nennen ... Sie ermöglicht es, „aus seiner Mitte" zu leben. Darum soll es hier gehen: Das alltägliche Leben so zu gestalten, dass man in der Bewusstheit des eigenen Wertes und der uns möglichen Bescheidenheit Freude hat und Freude mit anderen Menschen teilt. Gerade Menschen, die aktiv ihr Leben und die Lebensumstände gestaltend beeinflussen, benötigen in ihrem Tun und Lassen Sinn und Bedeutung, um sich nicht zu erschöpfen. Sie benötigen Rückmeldungen und Zuspruch, sie sind angewiesen auf die Auseinandersetzung und die Bestätigung – und dabei begegnen sie immer wieder – ihr ganzes Leben lang – einem Menschen, dem sie vertrauen können: Sich selbst. Auf sich selber hören, sich selbst nicht zu ernst nehmen, über sich zuweilen lächeln und sich nicht alles gefallen lassen – auch nicht von sich selber – sind solche Fähigkeiten, die – gepaart mit Mut und Ausdauer, Gelassenheit und Liebe – das Leben gelingen lassen.

In der Rückschau auf (s)ein Leben, wird man erkennen, dass längst nicht alles wohlgelungen war; man wird aber auch zugeben dürfen, dass manches sehr gut geglückt ist – auch wenn es vielleicht nicht perfekt war. Man wird erfahren, dass man nicht alles geschafft hat, was man sich vorgenommen hatte – und wiederum feststellen, dass manches gelungen ist, von dem man gar nicht vermutet hatte, das man das hinbekommen würde. Zuweilen sagen einem fremde Menschen anerkennend etwas Gutes über das eigene Tun, das man gar nicht als etwas Besonderes ansieht. Und wenn es einem gelingt, die eigenen Eitelkeiten abzulegen, um sich bescheiden zurückzuhalten, kann man sogar bei der nächsten (also nachfolgenden) Generation als Lehrer gehört werden.

Zurück zu den ersten Gedanken: Was ist hilfreich für das tägliche Leben? Es ist weniger die Frage was richtig oder falsch ist ..., es ist immer die Frage, was in einer bestimmten Situation angemessen ist, ohne dass man dadurch sich selbst oder andere verletzt oder gar in einem größeren Maß schädigt. Das friedliche Zusammenleben mit anderen Menschen – auf der persönlichen wie kollektiven Ebene – ist die Basis unseres Wohlbefindens. Und da Menschen so unglaublich unterschiedlich sind, ist es immer wieder eine Herausforderung, mit ihnen in eine ausbalancierte „Harmonie auf Zeit“ zu kommen.

Die moderne Entwicklungspsychologie bestätigt, was „die Weisen“ immer wussten: Menschen sind unglaublich verschieden – und sie werden es mit zunehmenden Alter immer mehr. Schon deswegen gibt es keine allgemeingültigen Verhaltensaussagen zum „glückenden Leben“. Wohl aber kann man von den „glücklichen Alten“ lernen. Die (Alters-) Forschung hat viele Erkenntnisse zusammengetragen – und der Bereich der Gesundheit gewinnt erfreulicherweise an Bedeutung. (Dabei führt aber leider auch schon wieder ein Zuviel an Tipps und „Vorschriften“ zu einer Gesundheitsmanie, die sich meist oder fast ausschließlich um das körperliche Wohl dreht!)

Es geht, meine ich, um die gekonnte Selbstentwicklung und bewusste Selbststeuerung des eigenen Lebens. Dabei ist längst nicht alles planbar – und das wäre auch nicht wünschenswert –, aber man kann sich sehr wohl auf das Unvorhergesehene einstellen und es im Vertrauen auf die eigenen (und fremden) Kräfte „erwarten“. Ein bedeutsames Kapitel ist dabei der eigene Tod. Die Angst vor dem Tod zu kontrollieren, dem Alter gelassen entgegen zu sehen und die „Störungen der Normalität“ als Herausforderung bzw. als „Wachstumsschmerzen der Persönlichkeit“ zu begreifen, liegt für jeden reifen Menschen im Bereich seiner Möglichkeiten.

Und noch eine Vorbemerkung ist mir wichtig. Auch wenn ich in den folgenden Texten häufig Rückgriffe auf Forschungsergebnisse anbiete, ist mir doch zugleich sehr wichtig, den „eigenen Kopf“ zu bemühen und auf die Stimme des Körpers (des Bauches) zu hören. Das sensible Zusammenspiel von Darm und Kopf (von Bauchempfinden und Kopf-Verstand) ist für unser Wohlbefinden unter normalen Bedingungen viel bedeutsamer als jedes Medikament. Wir verfügen über eine „Weisheit des Körpers“ – und wenn wir auf die oft leise Stimme unseres Körpers hören, sind wir in den allermeisten Fällen gut beraten, sie ernst zu nehmen oder ihr zu folgen. Ich habe die Erfahrung gemacht, dass alle Diäten, alle esoterischen Vorgehensweisen oder „fernöstlichen Praktiken“ durchaus gut tun können – aber eben nur, wenn sie es schaffen, den eigenen Glauben an die „Heilung“ zu aktivieren. Die Methoden und Vorgehensweisen sind oft beliebig – und manch ein „Wunderheiler“ wirkt deswegen, weil er mit seinem Vorgehen den Glauben an die eigenen Kräfte aktivieren kann. Die Vielzahl der Empfehlungen für ein gesundes Leben machen deutlich, dass eine ziemliche Hilflosigkeit darüber besteht, was denn nun w i r k l i c h hilft ... Es hilft, sich selbst realistisch u n d optimistisch in das Abenteuer Leben einzulassen und immer wieder zu lernen, sich selbst – und seinem Körper – Freund/Freundin zu sein.

Es sind in erster Linie G e d a n k e n, die uns belasten oder erfreuen. Daraus entstehen Einsichten und Gewohnheiten, die unser Befinden bestimmen.

An einigen Beispielen möchte ich verdeutlichen, wie wir sowohl das Unschöne erkennen als auch das Schöne empfinden und genießen. Im Rückblick auf das eigene Leben sagen zu können: „Es war gut so – und alles, was hätte sein können, wäre auch gut gewesen“, ist eine geistige Lebens-Leistung. Ob die folgenden Gedanken dazu beitragen können? Ich wünsche es den Lesern.

Bad Dürrheim, im Frühjahr 2015 Knud Eike Buchmann

**Intelligenz, Klugheit und Weisheit …**

… was verbindet, was trennt diese Begriffe? Sprechen wir nicht auch von „schlauen Füchsen", von cleveren Geschäftsleuten, von geistreichen Gesprächspartnern? Es gibt gelehrte Personen, geniale Erfinder, weitsichtige Politiker … Und es gibt den gesunden Menschenverstand und die Vernunft …

Alle diese Begriffe sind unlösbar miteinander verbunden, sie ergänzen einander und bedeuten doch jeweils auch etwas Anderes. Unser Gehirn ist d a s Organ, welches letztlich dafür verantwortlich ist, wie Menschen in ihrem Leben mit diesem Leben zurechtkommen. Dazu eine kurze Erklärung zum Wesen des Menschen. Wir sind Lebewesen, die „unfertig" geboren werden: Nach der Zeugung sind einige Anteile unseres Wesens genetisch angelegt, aber erst nach der Geburt lernt der Mensch in einer im Tierreich sehr seltenen, langen Reifezeit seiner frühen Kindheit die wesentlichen Grundhaltungen, die ihn auch noch als Erwachsenen steuern bzw. formen. Einstellungen und Haltungen werden auf der Basis der (intellektuellen und sozialen) Möglichkeiten gelernt. Instinkte spielen eine sehr untergeordnete Rolle – zumindest in normalen Lebensbedingungen. Dabei ist interessant, dass wir auch als Erwachsene nur über das (Handlungs-)Repertoire verfügen können, welches wir in unserem G e d ä c h t n i s abgespeichert haben. Und jeder Mensch spürt und weiß, dass er letztlich in seiner Entwicklung nie wirklich „fertig" ist: Wir bleiben Zeit unseres Lebens Lernende. Die hohe Elastizität unseres Gehirns hat uns – bis ins höchste Alter – die Fähigkeit, k l u g zu sein, ermöglicht; auch die Veranlagung, w e i s e zu werden.

I n t e l l i g e n z ist die Bezeichnung für ein Bündel von Fähigkeiten, die es uns ermöglichen, situativ in neuen, zum Teil schwierigen Lebenslagen zu erkennen, zu entscheiden und zu handeln. Hierbei stützt sich der Mensch auf sein Erfahrungswissen und auf Eigenschaften wie Selbstvertrauen und seinen Willen. Das Erfahrungswissen wiederum hat seine Wurzeln in den tradierten Kenntnissen und Fähigkeiten der jeweiligen Vorfahren. Die Lebens-*Klugheit* „der Alten" war und ist in allen Völkern ein Schatz, den keiner zu keiner Zeit „einfach nur so" über Bord werfen sollte. (Denken wir an das Bauen von Häuser in Überschwemmungs- oder Lawinengebieten; die Klugheit der Altvorderen mit Gemeinschaftsgut umzugehen oder an die vielen Rituale, die das Leben strukturieren ...). Es gibt eine eher theoretische, eine praktische, eine sprachliche, musikalische, technische und soziale Intelligenz; wir sprechen auch von einer emotionalen oder einer Bewegungsintelligenz. Immer handelt es sich dabei um die besondere Ausprägung von kultivierten Möglichkeiten, die sowohl genetisch veranlagt als auch sozial gelernt wurden. Und immer geht es darum, das Leben so zu gestalten, dass es im jeweiligen Lebensraum gelingt! (Hier sei aber vermerkt: Wer z.B. permanent ohne sinnvolle Pausen einzulegen arbeitet, ist vielleicht bei seinem Arbeitgeber – kurzfristig – beliebt; längerfristig schädigt er sich aber massiv. Auch das Rauchen ist kein Zeichen von besonderer Intelligenz – aber auch ganz kluge Menschen geben sich zuweilen diesem selbstschädigenden Verhalten hin). Wir setzen umgangssprachlich Intelligenz (ein psychologischer Begriff) oft mit dem Verstand (einem philosophischen Begriff) gleich. Der Verstand ermöglicht es dem Menschen, Zusammenhänge zu erkennen und regelhaft miteinander neu zu verknüpfen.

Unter Klugheit verstehen wir nicht die theoretische Fähigkeit, sondern das praktische, überlegte an Werte gebundene Handeln. Klugheit ist immer zweckgebunden. Klugheit kann eben auch bedeuten, etwas, was möglich wäre, eben nicht zu tun, weil es keinen Sinn macht. (Die menschliche Intelligenz/der Verstand hat es ermöglicht, einen Menschen auf den Mond zu schießen ..., ob das bei bestehenden Hungerkatastrophen vernünftig war/ist, kann getrost bezweifelt werden. Wir können am Erbgut des Menschen manipulieren ..., ob das ethisch vernünftig ist ...?) Im vernünftigen Verhalten spiegelt sich die Fähigkeit des Menschen, so zu handeln, dass ihm sein Leben gelingt. Es ist also problematisch, nur dem Intellekt zu trauen (er ist im schlimmsten Fall zu allem fähig!) – es ist vielmehr notwendig, sein Verhalten als Ergebnis intelligenten und verantwortungsvollen Nachdenkens je nach Situation „nachhaltig“ zu gestalten. Die vulkanischen Möglichkeiten menschlichen Intellekts waren und sind längst nicht immer „menschheitsnützlich“.

Und nun zur Weisheit. Kurz formuliert geht die Weisheit über die Klugheit hinaus. Sie ist nicht zweckgebunden; sie gründet auf einer allgemeinen Lebenserfahrung und einem umfassenden Verstehen und Wissen um die Abläufe des (menschlichen) Lebens. Dabei geht es auch um die Ursprünge alles Lebendigen, um die Frage nach dem Sinn und den Zielen sowie um „die letzten Dinge des Lebens". Weisheit zeigt sich im täglichen Umgang mit den Menschen, mit sich selbst und im alltäglichen Lebensvollzug. Weisheitsbezogenes Wissen und Handeln ist immer eingebettet in die Zeit und Kultur, in der man lebt – unter Einbeziehung der „Weisheitslehren" auch anderer Kulturen. Sitten und Gesetze werden gekannt und respektiert, geschriebene und ungeschriebene Übereinkünfte werden beachtet und kultische Zeremonien und (religiöse) Vorstellungen anderer Menschen (z.B. Umgang mit den Toten) werden gepflegt oder zumindest toleriert. Es ist weise, die Identität einer Gruppe oder eines Volkes sowie die einer Einzelperson zu würdigen und anzuerkennen. Es ist weise, die explosive (technische) Intelligenz des Heute mit den Gepflogenheiten des Gestern zu verknüpfen, um sie für die Zukunft nutzbar zu machen. Auch die Weisheit muss intelligent sein, um schwierige Situationen lebenspragmatisch in einem größeren Zusammenhang längerfristig zu bewältigen.

Weisheitsbezogenes Handeln kann sich auch darin zeigen, dass man sich von tradierten Normen, Dogmen, Prinzipien und Ideologien löst, um seinem Gewissen gemäß (s)einen eigenen Stil zu leben. Dabei legt „der Weise" größten Wert auf die friedliche Aussöhnung mit anderen Menschen und mit dem eigenen Schicksal. Ein weiser Mensch benötigt sehr wenig – und „was die Leute sagen", interessiert ihn wenig. In seiner großen Bedürfnislosigkeit ist er nicht korrumpierbar und dadurch sehr unabhängig; gerade dadurch wird er auch von „Mächtigen" zuweilen als bedrohlich erlebt. Stets kann er auf seiner gefestigten ethischen Grundeinstellung authentisch und spontan handeln und zu allem auch lächeln, ohne zu begehren. Das „Haschen nach dem Wind" (Salomon) bedeutet ihm nichts.

*Weisheitskriterien*

In den letzten Jahren hat die „Weisheitsforschung" (in Deutschland vor allem Baltes und Staudinger) als weise geltende Menschen untersucht und befragt, was sie denn in ihren Einstellungen und Verhaltensweisen besonders kennzeichnet. Gerade das Überwinden und Kultivieren schwieriger Lebenssituationen zeigt den „Meister". Wer von anderen Menschen um Rat gefragt wird; wer es schafft, sich selbst aus dem Mittelpunkt zu nehmen (Dezentralisierung), um anderen nah und hilfreich zu sein, wird als weise bezeichnet.

Vor allem geht und ging es aber auch stets darum, das eigene Leben so zu gestalten, dass man sich als „lebendigen Teil" einer größeren Gemeinschaft erlebt, dass man belastende Lebensereignisse und zwischenmenschliche Beziehungen im Sinne einer größeren Gelassenheit und Zufriedenheit gestaltet. Dabei spielt das weisheitsbezogene Wissen eine große Rolle: hinsichtlich der eigenen Selbstbestimmtheit, des eigenen Selbstvertrauens und hinsichtlich der Möglichkeit, flexibel in unterschiedlichen Situationen angemessen zu reagieren u n d dabei immer anderen Menschen verbunden zu sein. Insofern ist eine weise Lebensführung auch auf andere Menschen bezogen, findet also nicht nur im „stillen Kämmerlein" oder im „Elfenbeinturm" statt.

Eine fundamentale Lebenspragmatik zeigt sich bei weisen Menschen in folgenden Überzeugungen:

• Großes Wissen um die Grundlagen menschlichen Verhaltens und der Fähigkeit, qualifiziert und differenziert zu grundlegenden Fragen des Lebens Stellung zu nehmen.

• Das eigene Leben wird relativ konfliktfrei geführt und im Rahmen der Möglichkeiten geplant und genossen. Schwierigkeiten bzw. Konflikte werden konstruktiv und friedlich gehandhabt.

• Das eigene Leben mit all seinen Schwierigkeiten und Freuden wird erlebt im Kontext von Vergangenheit und Zukunft. Dabei werden sowohl altersspezifische Aspekte und kulturelle Gegebenheiten berücksichtigt.

• Unterschiedliche Wertigkeiten werden erkannt, benannt und respektiert, sowohl bei Menschen im nächsten Umkreis als auch bei „Fremden". Die Relativität individueller, gesellschaftlicher und religiöser Wert- und Zielvorstellungen wird durch Distanz zum eigenen Standpunkt gelebt. Dabei bekennt man sich sehr wohl zu einem „universalen Wertekanon" (Menschenrechte).

• Im Umgang mit Ungewissheit wird bei unvorhersehbaren, unerwarteten Ereignissen eine differenzierte und doch klare Haltung eingenommen, die in „Handeln oder Ertragen" einmündet.

Bei all diesen Fähigkeiten lebt der lebensweise Mensch in der Gewissheit seiner Fehlbarkeit und seiner Verletzlichkeit (Vulnerabilität). Die Beschränktheit seines Wissens hindert ihn aber nicht daran, seine Lebensaufgabe (nämlich sein Leben) aktiv und voller Verantwortung anzunehmen und zu gestalten.

Ohne die Fülle der Forschungsergebnisse im Einzelnen darstellen zu wollen, können einige, m.E. wichtige Kriterien benannt werden. Was kennzeichnet also konkret einen „weisen Menschen"?

• *Ausgeglichenheit*: Im sozialen Kontakt ist es in vielen (öffentlichen) Situationen nötig, gewissen Rollenerwartungen zu entsprechen. Dabei entstehen Emotionen, die unser Verhalten und zugleich unseren Interaktionspartner stark beeinflussen. Situationsinadäquate, ungesteuerte und überschießende Emotionen lösen auch beim Gegenüber stets ein Unbehagen und zuweilen auch Verwirrung aus. Es geht, im Rahmen der Glaubwürdigkeit und Echtheit darum, seine Emotionen nicht zu verstecken, sich aber auch nicht von ihnen in seinem Denken überschwemmen zu lassen. Immer geht es darum, kognitiv (Verstand), reflexiv (nachdenkliche Vorwegnahme hinsichtlich der möglichen Wirkung) und affektiv (gefühlsmäßig) in Balance zu bleiben, d.h. in seiner und aus seiner Mitte zu leben. Dabei dürfen Humor und ein Schuss Selbstironie durchaus eingebracht werden.

• *Partnerbezug*: Auch wenn es immer um das eigene Leben geht, sind doch unsere kommunikativen Fähigkeiten und Bedürfnisse darauf ausgerichtet, mit anderen Menschen zurechtzukommen. Es geht also um beides: den Anderen gut aussehen zu lassen u n d sich selbst gut darzustellen (ohne narzisstische Eitelkeit). Dazu sind zwei grundlegende Fähigkeiten hilfreich: Ein Weiser wird sich in die Welt des Anderen einspüren wollen und können (mentaler Rollentausch; Perspektivwechsel)). Er kann sich „in den Geist", aber auch in die emotionale Welt des Gegenübers einspüren (Empathie). Daraus erwächst ihm auch die Möglichkeit, einen Perspektivwechsel vorzunehmen, also s e i n e eigene Sichtweise zu relativieren und die Sichtweise des Gegenübers zu verstehen versuchen. (Dies geschieht übrigens mit einfühlsamen Fragen und Vermutungen, die man äußern und in Erkenntnis wandeln kann.) Es geht also um das Verstehen (vom Kopf her) u n d um das Mitfühlen (vom Herzen her). Dabei geht es um „Mitschwingung“ oder um Mitgefühl, n i c h t um Mitleiden!

• *Wertungsfreiheit*: Der Weise nimmt wahr, beobachtet und „staunt“ oder wundert sich. Er bewertet nicht und lässt sich weder provozieren noch ärgert er sich über „das Andere“. Auch die eigenen Gefühle werden zur Kenntnis genommen, also weder geleugnet noch abgewertet. Er urteilt nicht (vorschnell), bezieht aber durchaus Stellung, sagt seine Empfindung – dies allerdings in einer achtungsvollen und nicht-aggressiven Art. Es gelingt dem reifen, weisen Menschen Distanz zum eigenen Standpunkt einzunehmen und überzeugend zu vermitteln. Nicht das eigene Denken und Empfinden steht im Dialog mit anderen Menschen im Mittelpunkt, sondern – dies natürlich besonders dann, wenn sie um Rat nachsuchen – deren Empfinden. Ein gemäßigter Pluralismus und Sichtweisen aus einem erfahrungsmäßigen Universalismus sind hilfreiche Kennzeichen von guten, konstruktiven Menschenbegegnungen.

• *Fakten- und Problemlösewissen*: Wo es um menschliche Begegnungen geht, stehen oft Fragen der Macht und Dominanz im Mittelpunkt. Der naive Mensch buhlt darum, „Recht zu haben“ und Recht zu behalten. Der weise Mensch lächelt. Er weiß, dass die Gesamtheit der Erwartungen, Zielsetzungen und Ansprüche an das eigene Leben von zwei Größen geprägt werden: von der Hoffnung auf Erfolg und der Furcht vor Misserfolg. Wir meinen heute zu wissen, dass selbst aus der Luft gegriffene Erwartungen ihre Wirkung haben und als real eingeschätzt werden können; sie verändern die Biochemie des Gehirns und geben damit dem Körper handlungssteuernde Impulse. (Denken wir auch an gruppen- oder massenpsychologische „Ansteckungen“ von Emotionen und Verhalten). Für Problem-Lösungen sind also neben dem Faktenwissen (wie, in welchen Schritten gehe ich vor?) auch mentale, „realitätsstiftende“ Überzeugungen im Rahmen der Realität hilfreich. Da der Mensch nicht immer ein integriertes Ganzes hinsichtlich Natur und Moral (oder Kultur) ist, muss er sich immer wieder in schwierigen, konflikthaften Situationen entscheiden. Dabei hilft ihm die gelernte Moralität – auch wenn sie oft nur eine „dünne Lackschicht“ ist, unter der sich zuweilen antisoziale, amoralische und egoistische Leidenschaften verbergen. Sind wir nicht nur deshalb in der Lage, moralisch zu handeln, weil wir glauben und hoffen können? Problemlösungen haben das Jetzt und das Nachher im Blick: Man möchte aus dem erlebten „Übel“ konstruktiv eine bessere „Zukunfts-Wirklichkeit“ gestalten. Der Weise weiß, dass nicht alles sofort zu regeln ist. Der Zustand des unbewussten Hoffens auf eine bessere Zeit würde leicht zu einer Rechtfertigung des Untätigseins. Deshalb sind Zuversicht, Geduld und Gelassenheit wichtige Kriterien für das Regeln und Ertragen konflikthafter Situationen. Es ist wohl auch nicht vermessen, hier anzuzeigen, dass für solche Fälle eben auch der große Begriff der (Nächsten-)Liebe von Bedeutung ist: Wer andere Menschen wertschätzt, kann sie nicht „zur Strecke bringen“!

• *Unwissenheitstoleranz*: Trotz besten Wissens und Gewissens ist im (eigenen) Leben nicht alles vorhersehbar bzw. kontrollierbar. Und es geht nicht nur um die Zukunft, sondern auch um die Unsicherheit bei der „perfekten“ Deutung/Erklärung der Gegenwart bzw. der „völligen“ Klärung des Vergangenen. Es geht darum, das Leben und die Zukunft zuversichtlich anzugehen und n i c h t in katastrophierender Vorwegnahme möglicher Schwierigkeiten in einer ängstlichen Schreckstarre zu verharren. Leben bedeutet Risiko. Lebensmut erwächst vor allem aus dem Glauben an die eigenen Kräfte, die wir kultivieren können. Es ist so unglaublich, welches Leid (u.a. gefolterte) Menschen durchstehen und überstehen können. Wir können nie wirklich wissen, wie etwas ausgeht – aber gerade die Bereitschaft, sich auf das Leben einzulassen, bedeutet Lebendigkeit.

In einer Zusammenfassung und Gegenüberstellung sollen noch einmal anhand von praktischen Beispielen die unterschiedlichen Begriffe in ihrer Bedeutung dargestellt werden. Es ist *intelligent* wenn man:

• seinen Veranlagungen gemäß Wissen sammelt und für den Lebenserfolg nutzt;

• die „Spielregeln“ der Systeme, in denen man lebt, kennt und zum eigenen Vorteil nutzt;

• weiß, wie man Probleme angehen und lösen kann (Strategiewissen);

• abstrakte, theoretische Erkenntnisse und Vorstellungen in praktische, nützliche Anwendungen verwandeln kann (Erfinder ...);

• eigene und fremde Ressourcen nutzt, um Ziele zu erreichen;

Es zeugt von *Klugheit*, wenn man:

• in seinem Handeln sich glaubwürdig an einen von der Gemeinschaft, in der man lebt, anerkannten Wertkanon orientiert;

• nicht alles, was möglich wäre, auch tut, weil es in der Kosten-Nutzen-Bilanz ohne „Gewinn" wäre;

• sich im Rahmen seiner Möglichkeiten auf das jeweils (altersspezifisch) Wesentliche beschränkt und dadurch eher Lebenstiefe als oberflächliche Zerstreuung findet;

• die richtigen Momente erkennt, in denen es besser ist, zu schweigen oder aber zu reden und zu handeln;

• neben dem Wünschbaren einen guten Bezug zur Wirklichkeit bewahrt.

*Weisheitsbezogenes Handeln* zeigt sich u.a. in:

• der Reduzierung komplexer Lebensbezüge in klare Strukturen des Miteinanders mit anderen Menschen;

• der aktiven Gestaltung eines gelingenden Lebens;

• der Fähigkeit, sich selbst nicht zu ernst zu nehmen und Menschen, Dinge und Zustände ggf. auch so zu lassen, wie sie sind;

• der Bereitschaft zum Perspektivwechsel und dem Einspüren in andere Menschen in ihren sehr unterschiedlichen Lebenssituationen;

• einer geklärten Einstellung zum eigenen Leben, zum Alter und zum eigenen Sterben.

**Gibt es solch einen Menschen?**

Zu leicht entsteht das Bedürfnis, einen „idealen Menschen" zu zeichnen. In der psychologischen Terminologie verfügen wir über unzählige Begriffe, die sowohl den seelisch kranken wie den psychisch gesunden Menschen kennzeichnen. In der Management-Lehre bzw. in allen Werken zur Führungspsychologie werden „Musterfrauen und -männer" konstruiert: Es handelt sich um Ideal-Typen, die als Persönlichkeiten zwar individuelles Kolorit zeigen dürfen, ansonsten aber möglichst der „reinen Lehre" entsprechen sollen.

Unter dem Aspekt der Alltags-Weisheit möchte auch ich solch einen Menschen ins Bild setzen – wohl wissend, dass niemand dieses Idealbild wirklich zu jeder Zeit erreichen bzw. ausfüllen kann. Aber das Angeben von Zielen ist für viele Menschen eine Orientierungshilfe: ein Wegweiser, auch wenn die Wege sich als Fernwanderwege erster Klasse erweisen sollten! Wollen Sie mich durch die Gedanken und Erfahrungen begleiten?

Vielleicht könnte oder möchte jeder von uns ein wenig so sein? Die Entwicklung der eigenen Persönlichkeit ist eine Lebensaufgabe. Kein Lebewesen ist so mit der Fähigkeit zur Plastizität begabt wie der Mensch. Sich selbst zu gestalten ist natürlich gekoppelt an Ziele, die man verfolgen möchte. Aber kennen wir unsere Ziele wirklich? Und: Was macht den Kern unserer Persönlichkeit aus? Dazu sollen diese Überlegungen dienen. Sie gehen davon aus, dass jeder Mensch die Chance ergreift, sich im Rahmen seiner Möglichkeiten zur Planung und Gestaltung des eigenen Lebens zu verwirklichen.

Zu allem, was geschieht, beziehen wir eine gewisse gefühls- und verstandesmäßige Einstellung. Es sind nicht die Ereignisse und Erscheinungen der Welt, die uns mit Sorge oder Freude, mit Genugtuung oder Abscheu erfüllen. Es ist unsere Einstellung zu den Dingen, die unser Befinden bestimmt.

Das Wetter, der Chef, der Fleck auf der Kleidung, die Beule am Auto, der Nachbar, die Freundin, der Sonnenuntergang, das Gedicht, der Film, das gescheiterte Projekt ... zu allen beziehen wir „Stellung", d.h. wir neigen dazu, alles in irgendeiner Weise zu bewerten und zu beurteilen. Dabei bedienen wir uns im Wesentlichen zweier Kriterien: gut und schlecht bzw. gefährlich und ungefährlich. Das sind die alten Entscheidungsmuster, die dem Ur-Menschen das Überleben sichern sollte. Sie wirken immer noch! Vielleicht benutzen wir andere Begriffe und sagen: „Das ist interessant“ oder: „Das mag ich nicht“ oder: „Das gefällt mir gut“ oder: „Der spinnt ja wohl ...!“ Wollen wir begreifen, dass das Wesen der Welt und ihrer Entstehung der *ratio* letztlich nicht zugänglich ist? Alles Wichtige ist letztlich auch unergründlich. Alle Form und alles Regelhafte hat sich aus dem Form- und Regellosen entwickelt (Schelling). Die Unzulänglichkeit des Verstandes, die Unvernünftigkeit oder Dummheit (Pöppel/Wagner) menschlichen Verhaltens wurde als Irrationalismus bezeichnet. Das Unerklärliche macht uns Angst – und die wollen wir „besiegen“. Die Religionen sind Ausfluss aus dieser Angst (vor dem Tod): „In erster Linie ist die Religion eine Art und Weise, mit dem Problem des Bösen zu ringen. Warum gibt es eine solche Kluft zwischen dem, wie die Welt ist, und dem, wie sie sein sollte?“ (Neiman, S.; S. 310).

Dem Laien ist selten klar ist, dass e r allein und niemand anders dafür verantwortlich ist, w i e er und w a s er denkt. Und damit macht er auch seine „Stimmung“ selbst .

In der Psychologie ist ein großes Thema: die Einstellungen! Welche Einstellungen oder Vorstellungen hat man sich im Verlauf seines Lebens angeeignet? Und: Kann man sie ändern, wenn sie sich nicht bewährt haben? Ja, man kann ... Aber es ist nicht einfach.

Gegenüber Objekten, Personen, Bräuchen und Ideen haben alle Menschen sich bewusst oder unbewusst relativ stabile Verhaltensbereitschaften angewöhnt. Diese bestimmen, was wir positiv oder negativ beurteilen, und dienen dem Menschen zu dessen besserer Orientierung in seiner Welt. Unser Gehirn ist so konstruiert, dass es jederzeit wissen möchte, was los ist und wo man sich gerade befindet. Informationen aus der Umwelt werden gesammelt und mit dem verglichen, was bereits im Gedächtnis ist. So entsteht (räumlich) eine innere Landkarte bzw. (gedanklich) ein Lebenskonzept im Rahmen vom gelernten Wertorientierungen. Nun ist aber die Unmenge der Daten gar nicht immer sofort bei einem Entscheidungsprozess abrufbar, auch, weil sich Informationen zuweilen widersprechen. Und was macht der „kluge“ Mensch? Er vertraut seiner Intuition (seinem Bauch) und nutzt seinen Verstand, um die Bauch-Entscheidung im Nachhinein zu rechtfertigen. (Bildgebende Verfahren in der Hirnforschung bestätigen solche Vorstellungen immer häufiger). Das angeblich so kluge Verhalten, gekennzeichnet durch logisches und kausales Denken, wäre allein nicht in der Lage, komplexe Phänomene zu verstehen und zu handhaben. Und Weisheit ist u.a. die Vereinfachung von Schwierigem.

So erwirbt man über die Jahre seiner Umwelt gegenüber (und übrigens auch zu sich selber!) eine bestimmte H a l t u n g. Dieses Wort hat ja eine Doppelbedeutung: einmal die Haltung als Körperstellung, sprachlich auch symbolisiert durch „den aufrechten Gang“. Zugleich deutet das Wort auf eine sittliche Bedeutung hin. Das drückt sich im Begriff „Haltung bewahren!“ aus – im Gegensatz zu sich hängen-, gehen- oder fallenlassen.

Der erwachsene, reife Mensch ist u.a. dadurch gekennzeichnet, dass er eine „vernünftige“ Einstellung zur Welt und zu sich hat. Was bedeutet das? In seinem Bedürfnis nach Beachtung und Anerkennung bleibt er im Umgang mit anderen Menschen bescheiden und geht in (fast) allen Lagen freundlich mit ihnen um. Da er die Natur der Menschen gut einzuschätzen weiß, lässt er sich auch nicht so schnell aus der Ruhe bringen: Er zeigt auch in schwierigen Situationen Contenance; also eine innere Haltung der Unerschütterlichkeit und des „guten Benehmens“. Nie würde er sich hinreißen lassen, zu schreien, zu pöbeln oder zu stänkern. Er weiß, was sich gehört (wie es dem Englischen Gentlemen-Ideal entspricht: „It’s not done!“). Er ist frei von Launen, übt Rücksicht in allen Begegnungen mit anderen Menschen (z.B. auch als Autofahrer) und reagiert auf Provokationen gelassen und oft lächelnd. Das ist die wahre Kunst des Gentleman: sich nicht anstecken zu lassen von den Widrigkeiten der Welt. Die Gefühle werden seinen Verstand nicht überspülen, eine verbale Explosionsgefahr besteht bei ihm nicht. Er bleibt unter allen Umständen redlich und korrekt. Er ist, obwohl gefühlsmäßig ansprechbar, in seinen Emotionen zurückhaltend. Das führt u.a. dazu, dass er nicht sofort wertet oder urteilt, sondern erst einmal „nur zur Kenntnis nimmt“. Weil er über ein klares Konzept dessen verfügt, was er will und was nicht, lässt er sich weder verführen noch hinreißen, etwas zu tun, was er im Nachhinein bereuen könnte. Auch unter schwierigen Bedingungen bleibt er verbindlich und ist in jeder Situation integer, d.h. er ist unbestechlich und legt großen Wert auf seine Unbescholtenheit.

Dabei ist er, egal welchen gesellschaftlichen Stand er hat, bescheiden und höflich – auch wenn er Missstände beim Namen nennt und es an Deutlichkeit nicht fehlen lässt. Seine Glaubwürdigkeit wächst aus seinem Tun, nicht aus seinen Worten. Er hat keinen Dünkel und weiß stets die Sprache seines Gegenübers zu sprechen und zu verstehen. Im Grunde ist er vorsichtig und achtet auf die Wirkung seiner Handlungen und Bemerkungen.

Und noch etwas zeichnet diesen Menschen besonders aus: Er verfügt über eine (preußische?) Lebens- und Sozial-Disziplin. Er jammert nicht, nimmt auch schwierige Situationen mit einer Portion Humor zur Kenntnis und ist immer bereit, zuzuhören, zu helfen und zu handeln. Diese mitmenschliche Haltung erwächst ihm aus einem tiefen Gefühl der Dankbarkeit. Seine Aufgaben erfüllt er mit Gewissenhaftigkeit. Für seine Fehler übernimmt er ohne Umschweife die Verantwortung und korrigiert, was korrigierbar ist. Dabei geht er diplomatisch mit Fehlern anderer Menschen um, sucht dort nicht den Schuldigen, sondern nach Lösungen. Stets bemüht er sich, sein Gegenüber gut aussehen zu lassen: Er stellt seine Mitarbeiter, Kollegen und Vorgesetzten in „das richtige Licht" – ohne sich selbst „klein" zu machen – und ist in jeder Beziehung loyal und diskret.

Er lebt in einem Kreis von Menschen, mit denen er gern zusammen ist, und die anderseits ihn schätzen. In einer Kultur der Wechselseitigkeit pflegt er den guten Kontakt zu Menschen aus verschiedenen Altersgruppen. Sein Wunsch ist es, für die nachfolgenden Generationen etwas Gutes zu hinterlassen: Wissen, Erfahrungen, eine gewisse gesellschaftliche Stabilität.

Ein Ideal-Bild? Wenn wir zustimmen, haben wir ein Ziel. Nichts ist unmöglich ...

**Glück oder Zufriedenheit?**

Es gibt immer wieder „Modethemen“. Gestern war es das Glück. Und das Pendel schlägt zurück. Glück zu haben, hängt eben doch von zu vielen Unwägbarkeiten ab. Glücklich sein – das ist eine ganz andere Sache. Bescheidener sagen wir dann, wir seien zufrieden. Wer Glück in den Mittelpunkt seines Lebens stellt, entspricht zwar dem Zeitgeist – verdeutlicht aber auch, dass es ihm vor allem um sich selber geht! Ich, ich, ich ... Wer Glück hat, weiß, dass i h m etwas Gutes geschieht. Zu leicht vergessen wir in solch einer Haltung „die anderen“. Viel wichtiger ist langfristig, dass neben meinen Glückssituationen sich eine Befindlichkeit einstellt, die man damit umschreiben kann, ob und wie man sich mit und in seinem Leben wohlfühlt. Jeder stellt sich über kurz oder lang die Frage, ob er/sie das Leben, das er/sie leben möchte, hinbekommt. Weiterhin: Wir leben in einer Welt, die neben vielen Annehmlichkeiten auch Widrigkeiten bereithält: Armut, Krankheit, Arbeitsplatzverlust, Verluste, Trennungen ... Trotzdem sollte jeder Mensch sein Leben „zum Ende hin“ bilanzieren und sagen können: „Ich war mit meinem Leben bisher zufrieden“.

Schauen wir auf unser bisheriges Leben. Es gab und gibt gute und weniger gute Zeiten; Zeiten der Fülle und Zeiten des Mangels. Nein, wir erleben es nicht als erfreulich, wenn etwas knapp ist. Wenn das Geld zum Monatsende fehlt, wenn das Essen knapp wird oder die Lebenszeit. Der Mensch neigt dazu, gerade das, was knapp ist, besonders hoch zu bewerten.
Die folgenden Gedanken sollen nachdenklich machen – und dies besonders unter dem Blickwinkel von Glück und Zufriedenheit. Vor allem Zufriedenheit ist ein Ergebnis dessen, was wir haben oder sind und dem, was wir erwarten oder sein möchten:

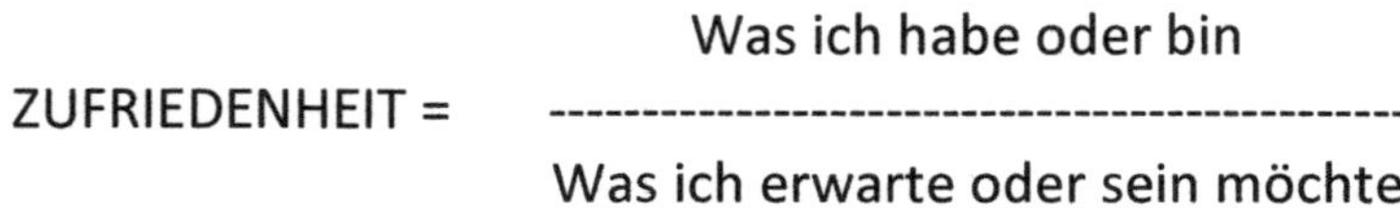

$$\text{ZUFRIEDENHEIT} = \frac{\text{Was ich habe oder bin}}{\text{Was ich erwarte oder sein möchte}}$$

(Gebe ich mir im Zähler des Bruches eine 10, weil ich mit dem, was ich habe oder bin, sehr einverstanden bin und habe – im Nenner – keine großen, anderen Erwartungen – gebe mir also eine 1 – ist mein Zufriedenheitswert 10 : 1= 10. Sind allerdings meine Erwartungen und Bedürfnisse – also der Wert im Nenner – besonders hoch, z.B. 8 und der Wert, den ich meinem erlebten Zustand – also der Wert im Zähler – niedrig, also z.B. 2, ist auch mein Zufriedenheit – 2:8 = ¼ – besonders gering!).

Auch wenn es zynisch klingen mag: In unserer Gesellschaft muss niemand erfrieren oder verhungern, niemand muss automatisch in schwierigen, materiellen Lebensumständen die alleinigen Ursachen für sein Unglück und seinen Missmut sehen! Die Hauptquelle (neben wirklicher Not!) für Unzufriedenheit ist der soziale Vergleich. Ja, wir Menschen neigen dazu, uns ständig mit anderen Menschen zu vergleichen – meist aber mit solchen, die sowohl bessere Startbedingungen hatten als auch eine andere Akzentuierung ihrer Wertigkeiten setzten und – z.B. in ihrer Jugend – mehr in ihre Ausbildung gesteckt haben. Wir neigen aber auch dazu, uns im Alter mit dem zu vergleichen, der wir einmal waren als wir noch jünger, belastbarer, schöner, „bedeutender"... waren. Wer das selbstunkritisch tut, wird immer schlecht abschneiden.

Der dänische Philosoph Sören Kierkegaard hat den Gedanken formuliert: „Das Vergleichen ist das Ende des Glücks und der Beginn der Unzufriedenheit!"

Wenn etwas knapp ist, muss man damit (besser) haushalten! Jede Expedition wird ihre Kräfte, ihr Essen und Trinken usw. einteilen müssen (Und ist das Leben nicht wie eine Expedition?) Ein normaler Haushalt wird nicht mehr ausgeben, als er einnimmt. (Wer das – in der Gesellschaft – nicht tut, vergreift sich an den Entwicklungsmöglichkeiten der zukünftigen Kindergeneration!) Wird die Lebenszeit knapp, wird man sehr genau überlegen müssen, wofür und womit man seine Zeit verbringt oder wofür man seine Nerven und seine „Energie" einsetzt.

Ökonomisch geschulte Menschen wissen, dass man Güter künstlich verknappt, um sie angeblich wertvoller zu machen und besser verkaufen zu können. Gold ist an sich nicht wertvoller als andere Elemente – aber: Wer glauben machen kann, dass Goldbesitz die eigene Bedeutsamkeit erhöht und zu mehr

Privilegien berechtigt und dass Goldschmuck einen Menschen „schöner", ja sogar „besser" macht, trägt in der Tat dazu bei, dass Gold (oder Juwelen oder Geld ...) teurer ist, als es sein müsste. Bei allen sogenannten Luxusgütern steigert nur die subjektive Wahrnehmung des „Mittels" seinen Wert. (Wobei man sehr wohl zwischen Gebrauchs- und Tauschwert unterscheiden kann.)

Betrachten wir doch einmal das Gegenteil von Knappheit: Es ist die phantasierte Fülle des Schlaraffenlandes. Wollen wir das wirklich? Können wir das wollen? Um es kurz zu machen: Es wäre die Hölle! Das Bild von Pieter Breughel mag das Elend der Fülle bildlich verdeutlichen: Fette, sattgefressene!, stumpfsinnige, erschlaffte, verdauende Menschen liegen tatenlos und ohne Genuss im Überdruss des Überflusses überall herum. Ob sich ihre überforderten Mägen nicht ständig erbrechen ...? Phantasieren wir noch dazu die Geschichte vom Jungbrunnen, aus dem man immer wieder jung und vergnügt emporsteigt, wird ein weiterer Aspekt der „Hölle des ewigen Lebens" (auf dieser Erde) deutlich! Aber Breughel hat u.a. auch das Bild „Ernte" gemalt. Wir sehen schaffende, aktive, angestrengte wie heitere, gar glückliche Menschen im gemeinsamen Tun: Die Ernte muss eingebracht werden. Man singt dabei und freut sich auf das Ergebnis.

Diese Gegenüberstellung kann verdeutlichen: Die Knappheit der Güter und Mittel zwingt den Menschen zum Denken und zum vorausschauenden Tun. Knappheit stellt die Möglichkeit dar, den Wert der Dinge dieser Welt überhaupt zu schätzen. Aber auch ehemals knappe und teure Güter können „über Nacht" wertlos werden. So haben die Korkeichen lange Zeit hindurch die Korken auf Flaschen geliefert. Kork wurde u.a. durch erhöhten Weinkonsum immer „wertvoller" und damit teurer. Da erfand man den Schraub- oder Glasverschluss – und plötzlich sind die Korkeichenwälder nichts mehr wert! Alles, was knapp ist oder wird (wie aktuell die Alters- und Gesundheitsvorsorge) zwingt Ökonomen, Politiker, Sozialwissenschaftler ... dazu, nachzudenken, um Alternativen zu finden. E i n e, wenn nicht d i e Alternative ist immer die veränderte Einstellung und das veränderte Verhalten des Menschen.

Fast immer haben Menschen zu allen Zeiten Möglichkeiten gefunden, um ihrer Not zu entfliehen. Oft sind sie aus wirtschaftlichen, politischen, klimatischen oder religiösen Gründen dorthin ausgewandert, wo sie sich konstruktiv mit ihrem Wissen und Können einbringen konnten. Menschen haben in Notzeiten „den Gürtel“ enger geschnallt. Sie haben kreative Lösungen für Probleme gesucht, haben gegen „das Schicksal“ angearbeitet oder sind „auf die Barrikaden“ gegangen. Jeder kennt das: Wenn eine Familie z.B. ein Haus baut oder ein Unternehmer eine Firma gründet usw., muss man seine Kräfte und Mittel eben auf dieses Projekt konzentrieren. Ein Spitzensportler muss seine Kräfte in der zur Verfügung stehenden Zeit optimal planen und einsetzen. Alles andere gerät neben schwierigen Herausforderungen zur Nebensache.

Überall wo Knappheit herrscht, sind Menschen im Allgemeinen sehr lebendig, kreativ und konzentriert. Es ist paradox: Muße und Fülle schätzen wir nur zu Zeiten größter Knappheit. Und in Zeiten großen Wohlstandes muss sich der Mensch fragen, was er w i r k l i c h zu seinem Lebensglück, zu seiner Zufriedenheit benötigt und was er erwarten soll oder darf! Natürlich hängen Knappheit und Begehrlichkeiten eng zusammen, aber die Lebenszufriedenheit wird n i c h t dadurch gesteigert, dass wir immer den knappen und vielleicht unerreichbaren „Gütern“ hinterherlaufen! Sich mit dem bescheiden, was man hat, ist eine Kunst, die man in vielen Feldern leben kann.

Freundschaften, Spaziergänge in frischer Luft, eine sinnvolle Tätigkeit, Unterhaltung und selbst der bescheidene Genuss sind immer möglich. Das sind Möglichkeiten, die wir alle haben. Und sie fördern die Zufriedenheit. Umfragen sagen deutlich: In den ärmsten Länder sind die Menschen oft am zufriedensten! Wenn es uns gelingt, unsere Ansprüche – einer jeweiligen Situation angemessen – zu regeln und nicht das Unmögliche zu wollen, stabilisiert sich auch unsere Zufriedenheit.

Welche Kriterien machen ein „gelingendes Leben“ aus? Es sind – so bestätigen groß angelegte psychologische Forschungen – fünf wesentliche Momente, die uns Lebenssinn vermitteln.

• Da ist erst einmal die Fähigkeit, Leben zu beeinflussen, d.h. in der Fachsprache Selbstwirksamkeit zu entwickeln und zu pflegen. Dahinter verbirgt sich die Überzeugung, dass man durch eigenes Handeln sein Leben im Wesentlichen mitbestimmt – und eben nicht vorwiegend Opfer der Umstände ist. Sich auch und gerade in schwierigen Situationen nicht unterkriegen zu lassen, ist ein Merkmal lebenstüchtiger Menschen. Dazu gehört vor allem die Fähigkeit, Konflikte mit Menschen zu handhaben.

• Der zweite Aspekt räumt auch mit der Vorstellung auf, dass man nur im Hier und Jetzt leben sollte! Wir leben mit den Erfahrungen unserer Vergangenheit, und wir leben auf unsere Zukunft hin. Das bedeutet, dass wir die Zeit, die jetzt ist – unabhängig von unserem jetzigen Befinden –, immer auch als Brücke vom GESTERN zum MORGEN verstehen. Unser Verhalten in der Vergangenheit (z.B. Essen, Rauchen, Bewegung ...) entscheidet mit darüber, wie es uns in Zukunft geht. Dasselbe gilt für eine Firma, für den Staat, für die Gesellschaft ... Wir müssen im Sinne der Generativität* stets auch die Zukunft im Blick behalten.

• Als dritter Faktor kann das soziale Engagement benannt werden: Im Verbund mit anderen Menschen Aufgaben erfüllen und im Austausch mit geliebten, zumindest geachteten Menschen zu sein, ist die beste „Sozialversicherung“, die wir uns vorstellen können. Andere Menschen sind unser „Glück“ (aber eben zuweilen auch unser Unglück!). Wir benötigen für unseren Lebenssinn tiefe Freundschaften, gute Gespräche und gemeinsame Erlebnisse.

• Viertens: Wir sollten „Werkzeuge“ haben, Schwierigkeiten und Widerstände zu bewältigen. Dazu gehören Mut, Gelassenheit, aber auch die Bereitschaft, sich schwierigen Situationen zu stellen. Man muss bereit sein, mit Menschen zu sprechen und fair umzugehen – auch wenn es Differenzen gibt. Ein gutes Konfliktmanagement kann man lernen; und es gehört eigentlich in den Schulunterricht!

• Schließlich benötigt der reife, selbstgesteuerte Mensch Möglichkeiten des Selbstausdrucks: Das können Aktivitäten wie Sport oder Musizieren sein, man kann meditieren oder an Projekten arbeiten. Sich einbringen und etwas „Sinnvolles“ tun, ist für ein bescheiden-positives Selbstgefühl bedeutsam.

In der Jagd nach dem Glück sieht man sich meist nur selber. Das ist letztlich purer Egoismus. Im guten Zusammenleben mit anderen Menschen geht es immer auch darum, Gutes für andere zu tun. Dass Menschen, die sich sozial engagieren (bürgerschaftliches Engagement) im Schnitt sechs Jahre länger leben als „Egoisten“, ist doch ein gutes Zeichen?

** Generativität: Etwas von bleibendem Wert schaffen; Erfahrungen, Wissen und Können nachfolgenden Generationen zur Verfügung stellen; sich der nächsten und übernächsten Generation verpflichtet fühlen.*

## Mit dem Körper fängt alles an

Alles was uns widerfährt, führt in unserem Körper zu einer Reaktion. Über die Sinnesorgane nehmen wir etwas wahr; im Gehirn gleichen wir ab, ob uns das Wahrgenommene gefällt, ob es interessant, nützlich oder gefährlich ist ... Es entstehen Gefühle, Einstellungen und Emotionen, die darauf drängen, etwas zu tun – oder in eine Schreckstarre zu verfallen ... Hierbei handelt es sich um einen sehr komplexen Prozess. Die Gesamtheit der Körperteile bezeichnen wir als Leib – er ist uns geschenkt als „Ort“ und Ausdruck unseres Lebens. Wenn wir leiblich präsent sind, wenn wir in unserer Haltung zur Welt aufrecht sind, fühlen wir uns wohl und wach. Haben wir ein gutes Empfinden für unseren Körper, ergibt sich auch für den Geist die Möglichkeit, zur Ruhe zu kommen und das Wesentliche vom Unwesentlichen zu unterscheiden.

Unser Wohl- oder Missbefinden spüren wir körperlich. Und die „Weisheit unseres Körpers“ sagt uns e i g e n t l i c h, was uns gut tut und was nicht. Eigentlich bedeutet, dass es für viele moderne Menschen längst nicht mehr selbstverständlich ist, auf ihren Körper zu hören (Sie lassen sich „abhören“!). Es steht zu befürchten, dass immer weniger Menschen in unserer Wohlstandsgesellschaft wissen, was ihnen und damit ihrem Körper gut tut.

An drei Beispielen kann das verdeutlicht werden:

am *Ess- bzw. Ernährungsverhalten*

am *Bewegungsverhalten*

am *Sozialverhalten*

Das *Essverhalten* wird gelernt – oder anders: Das natürliche Empfinden, dem Körper das (und nur in den Mengen) zukommen zu lassen, was er für seine Funktionsfähigkeit benötigt, ist verschüttet oder von Klein auf nicht gelernt worden. Dafür sind Eltern verantwortlich: Mehrere „Sünden“ werden hier begangen. Zum einen bekommen (Klein-)Kinder oft das Falsche zum Essen und Trinken. Vor allem „Süßes“ und wenig ballaststoffreiche Kost, aber auch „schlechte Fette“ (Fried Potatoes ...) führen zwar zu einer gewissen Sättigung und Beruhigung (es wird vermehrt dadurch im Gehirn Serotonin ausgeschüttet). Die Wirkung ist aber zeitlich nur begrenzt – und das Verlangen nach mehr ist rasch wieder da. Ein Grund für die sehr problematische Gewichtszunahme schon im Kindesalter.

Eine weitere „Sünde" ist bereits angedeutet: Quengelnde Kinder werden einerseits mit Süßigkeiten beruhigt und lernen schon beim Einkaufen, die Mutter durch angedrohte oder wirkliche Schreiattacken zu manipulieren. (Man sehe nur mal, wie viele Kinder noch vor der Kasse naschen bzw. Packungen leer futtern!). Essen, vor allem Süßigkeiten, aber auch das Fläschchen für das Kleinkind bzw. das Bier etc. für die Großen, dienen dem Stressabbau. In Konfliktsituationen wird – fälschlicherweise – oft der Magen „versorgt".

Menschen mit Problemen bzw. mit einer mangelhaften Fähigkeit, solche Probleme angemessen zu regeln, neigen dazu, dick zu werden. Und das geschieht häufig in Familien mit einem geringen Bildungsniveau. Erlebte Frustrationen (z.B. in der Partnerschaft oder im Beruf) werden häufig durch Ersatzbefriedigungen ausgeglichen: Neben Süßigkeiten sind das oft zu viel (billiges) Spielzeug, Fernsehen aus Langeweile, Einkaufen, Video-Spiele ...

Das *Bewegungsverhalten* ist bei vielen Menschen ebenfalls stark in Mitleidenschaft gezogen. Der Funktions- und Bewegungslust von Kindern wird zwar oft durch moderne Spielplatzgeräte Rechnung zu tragen versucht. Aber das Spielen in der Natur, das Bäumeklettern, in Gruben oder über Gräben springen, das Toben im Wald ... alles „viel zu gefährlich"... Sport in der Schule: zeitlich zusammengestrichen und auf Hallen beschränkt. (Hier kommt den örtlichen Vereinen eine hohe Bedeutung zu.) Zu-Fuß-Gehen? Wenn man bedenkt, dass der Mensch auf Bewegung und körperliche Belastung angelegt ist, und wenn man weiß, dass Menschen in sogenannten Naturvölkern 10-20 km pro Tag gehen bzw. laufen, der moderne Büromensch aber oft nicht mal einen Kilometer am Tag auf seinen beiden Füßen unterwegs ist, ahnt man, wie wir uns „denaturiert" haben. Fahrzeuge, Fahrstühle, Hilfsmittel ... nehmen uns in einem hohen Maß die körperliche Belastung ab. – Und dann wird dieser Mangel in „synthetischen Fitness-Studios" ausgeglichen ... in klimatisierten, kunstlichterhellten Räumen ...

Die Bequemlichkeit führt verstärkt zu Bewegungsmangel. Bewegungsmangel ist an sehr vielen (Alters-)Krankheiten mitbeteiligt. So kann regelmäßige Bewegung im Alter die Wahrscheinlichkeit an Alzheimer zu erkranken, um ca. 50 % senken! (Wenn ein Pharma-Konzern solch ein Mittel hätte ...).

Der dritte Bereich ist ebenfalls sehr komplex und vielschichtig: das *Sozialverhalten* der Menschen verändert sich stark. Eine Folge unseres technisierten Wohlstands ist z.B. die zunehmende Vereinzelung: Man ist immer weniger auf andere Menschen angewiesen. Jedes Kind hat seinen eigenen Computer, sein eigenes Handy; die persönliche Kommunikation von vielen Paaren ist auf täglich wenige Minuten geschrumpft. Die elektronische Nachrichtenübermittlung verzichtet immer mehr auf Gespräche von Angesicht zu Angesicht. Das hat – neben materiellen Vorteilen – enorme psychologische Probleme zur Folge.

Singlehaushalte haben sehr stark zugenommen; Familien leben immer seltener an einem Ort; selbst junge Paare sehen sich durch die steigende Internationalität ihrer Berufe oft nur noch an Wochenenden ...

Menschen benötigen Körperkontakt (nicht nur kleine Kinder!); Menschen wollen berührt werden und berühren. Jungen wollen miteinander spielerisch kämpfen; Mädchen pflegen untereinander viel Körperkontakt – und die Erwachsenen, die „Alten“ ...? Bleibt nur die Sexualität, um den Körper zu spüren? Muss man zum Physiotherapeuten, zum Arzt ... gehen, um angefasst zu werden?

Der Verlust an gelingender Körperlichkeit hat auch etwas zu tun mit der (christlich geprägten) Körperfeindlichkeit, mit einem Niedergang des ästhetischen Empfindens in vielen Kreisen und mit der Tendenz zur Anstrengungslosigkeit. (Man könnte auch Disziplinmangel sagen).

Wenn oben von der „Weisheit des Körpers“ die Rede ist, könnte man ja annehmen, dass es damit nicht weit her ist. Aber: In jedem Dicken steckt ein klagender Dünner, der gern aus dem Speckgefängnis heraus will. Jeder spürt, wenn er mal eine gewisse Zeit in der Natur ist, wie gut ihm das Gehen oder

Laufen tut. Jeder Mensch sehnt sich nach körperlichem Kontakt, nach Zärtlichkeit und Berührung.

Zu dick kann man nur werden, wenn ein zu großes Ernährungsangebot besteht und wenn die falschen Nahrungsmittel ausgewählt werden. Bewegung (in der Natur) ist dort immer seltener, wo die Disziplin fehlt, sich den angeblichen Zwängen der Arbeit zu entziehen. Der Sozialkontakt ist dann unterentwickelt, wenn die Bereitschaft zu Toleranz und friedlichem Zusammenleben durch Egoismus und leichte Kränkbarkeit gestört ist. Das sind letztendlich alles Wohlstandssorgen.

Wer heute in unserer Gesellschaft gesund leben und alt werden möchte, benötigt:

• Kriterien zur Auswahl der richtigen Lebensbedingungen;

• Disziplin, um sich auf das „weniger von mehr“ zu konzentrieren;

• die Fähigkeit – von klein auf –, Schwierigkeiten bzw. Konflikte angemessen durchzustehen;

• Respekt vor den Bedürfnissen des Körpers im Sinne eines guten Körpergefühls.

In der Summe sollte dem Einzelnen, seine Gesundheit und sein daraus resultierendes Wohlbefinden etwas bedeuten. Wer sich selber schädigt, betont damit, dass er sich selbst nicht wichtig nimmt. Wird die Solidargemeinschaft diese Sünden auch in Zukunft finanzieren?

**Leben ist Problemlösen ...**

Es war bereits angesprochen: Wir Menschen müssen, weil wir instinktarm sind, immer wieder entscheiden, wie wir uns in welchen Situationen verhalten sollen.

Psychobiologisch gesehen sind wir Rudel- oder Herdentiere. Wölfe taugen nicht für eine massenhafte Population; sie bilden Rudel mit einem „Leittier". Tief in unserer biologischen Identität steckt dieses „Gefühl": Wenn Zusammenleben funktionieren soll, benötigt man „Leitfiguren" oder „Leithammel" oder Leit-Ideen (Ideologien) ... Aber unsere Welt hat sich seit der Urzeit unglaublich stark verändert: Es gibt nicht nur unüberschaubare große Völker, sondern auch das Prinzip der Volksdemokratien hat das (internationale) Zusammenleben wesentlich verändert!

Wir denken und glauben, Ordnung sei eine menschliche „Erfindung", um das „große Ganze" besser zu beherrschen? Ordnung als Herrschaftsinstrument ...? Ja, so war es einmal. „Ordnungen" sind nichts ausschließlich Menschengemachtes: Verhaltensregeln bei allen Tieren (Hackordnung auf dem Hühnerhof,) Richtungswechsel innerhalb von Bruchteilen von Sekunden bei Vogel- oder Fischschwärmen ...; Bauprinzipien bei 500 Millionen Jahre alten Kieselalgen oder Radiolarien sind aus der Natur erwachsen; ein (wilder?) Wald wächst nach ganz bestimmten Regeln und Gesetzmäßigkeiten ...

Unsere Welt ist politisch, wirtschaftlich-finanziell, kulturell, technisch ... hochkomplex geworden; internationale Konsortien entziehen sich immer mehr einer „einfachen" Kontrolle. Es entstehen immer mehr Probleme, die nicht mehr von einer Regierung zu lösen sind. Wir müssen zu völlig anderen Formen des Zusammenwirkens finden ... Und genau hier gibt uns die Natur ein gutes Modell: Die Biologie zeigt uns in ihrer uralten Intelligenz der Schöpfung ihre ganze Pragmatik. Die Bionik möchte sie nachempfinden und für den modernen Menschen nutzbar machen.

Aber zuvor ein historischer Rückblick auf die Entstehung von Ordnungen (nach unserem traditionellen Verständnis). War die Welt (in allen Schöpfungs-

Mythen der Völker) am Anfang ein „Chaos“, ein *tohuwabohu*, also „wüst und leer“ (1. Moses 1,2)? Und wer schuf die erste Ordnung? Über einen gedachten „Schöpfer“ hinaus dachte der Mensch sich „Schöpfungsordnungen“ aus. Diese Mythen gründen sich alle mehr oder weniger auf Abhängigkeits- und Herrschaftsphilosophien. Es gab in einer mechanisch-materialistischen Naturauffassung angeblich eine „Natur-Ordnung“, die in eine „Gottes-Ordnung“ überging. Alles, was dem Menschen nicht verständlich war, wurde in alter Zeit von den Religionen als „Fügung“, „Gottes Wille“ oder vorherbestimmtes „Schicksal“ erklärt. Diese höheren Ordnungen waren nicht zu hinterfragen; Verstöße zogen schwere Strafen nach sich.

Die Griechen glaubten, längst bevor das Christentum unsere geistige Welt zu dominieren begann, an eine „große Harmonie“, in der alles seinen „richtigen Platz“ hatte und ein stimmiges Ganzes garantierte. Regeln und Strukturen (in Stein gehauen!) gaben Sicherheit und Orientierung im Umgang miteinander. Der Begriff der Freiheit war im frühen Mittelalter noch nicht präsent. Die mittelalterliche Ständeordnung und das Denken in hierarchischen Ordnungen sollte den Menschen für bestimmte Tätigkeiten disziplinieren; später zu einer positiven Haltung gegenüber der „Industriearbeit“ befähigen.

In den ersten großen Menschenansammlungen der Städte durfte kein Chaos, keine Unordnung herrschen! Gehorsam und Pflichterfüllung wurde nicht nur den Soldaten auferlegt; klare Rollenverteilungen zwischen den Geschlechtern (z.B.) machten den Mann auch zum Herrscher im Schlafzimmer.

Nur wenige „Denker“ übten den geistigen Aufstand. (Es gab ja noch nicht das demokratische Prinzip des „gleichen Rechts für alle!“). Zugleich entstand zunehmend ein Gefühl der „Ungerechtigkeit“ – vor allem von den höheren Ständen so empfunden –, und es blühten Verrat, Täuschungen, Treubrüche, Denunziation ... „Kabale und Liebe“; Machenschaften, Manipulationen, Einschüchterungen (Inquisition, Folter ...) zog dort ein, wo neidische, ungehorsame und gierige Menschen versuchten, andere zu übervorteilen. Diese erlebten Ungerechtigkeiten brachten das alte Ordnungssystem immer mehr in Unordnung. Philosophen, Freigeister und Dichter griffen die Thematik auf und verlangten u.a. „Gedankenfreiheit“, forderten die generelle Freiheit des Menschen … Ein langer, blutiger Weg bis zur Formulierung des Artikels 1 der Allgemeinen Erklärung der Menschenrechte: „Alle Menschen sind frei und gleich in Würde und Rechten geboren“ (1948).

Das Zusammenwachsen der Völker zu Staatengemeinschaften wurde – bis in unsere Zeit – mit einer Verordnungsbürokratie zu regeln versucht: Immer mehr internationale Regeln und Gesetze beeinträchtigen die Souveränität und das Empfinden der Autonomie der einzelnen Völker. Und die Bürokratie verhindert die soziale Akzeptanz und die notwendige Transparenz! Damit wird gegen die psychologische Grundvoraussetzung eines friedlichen und gedeihlichen Zusammenlebens verstoßen. Die Organisation (und Verwaltung) solcher Mammut-Systeme wird immer schwieriger und erfordert neue (in der Biologie altbewährte) Formen der Steuerung.

Alle komplexen Systeme (und dazu gehört der menschliche Körper, eine Fußballmannschaft wie eine große Firma, eine politische Einheit wie ein Landkreis usw. …) zeichnen sich durch eine ständige Veränderung und durch eine Zunahme der Veränderungsgeschwindigkeit aus. Die Anzahl der unterscheidbaren Zustände (z.B. bei dem „Angriff“ einer Mannschaft auf das gegnerische Tor), die ein System annehmen kann, nennt man Varietät. D a s Prinzip der Einflussnahme auf solche Systeme ist die Selbstorganisation. In einem Fisch- oder Vogelschwarm hat kein Mitglied der Gruppe wirklich den Überblick über das Ganze; trotzdem ist das System reaktionsschnell und äußerst effektiv und effizient. (Vogelschwärme können in einer Siebzigstelsekunde ihre Richtung ändern!). Die Bionik lehrt uns, dass die Gruppe der Betroffenen schlauer ist als jedes einzelne ihrer Mitglieder. Die (bisherigen) statischen Organisationsmodelle wie Parteien, Gewerkschaften oder Verbände können nicht mehr effizient „steuern“; sie dienen höchstens noch der Karriere ihrer Mitglieder. Das Vertrauen in diese klassischen Institutionen (dazu gehören auch die Kirchen, Unternehmen, Banken, die Polizeien, das Erziehungswesen …) geht immer mehr verloren. Persönliche Interessen werden u.a. durch das Internet (und die diversen Feedback-Foren) im Netzwerk mit anderen, die ähnlich denken und handeln, artikuliert und zur Geltung gebracht. (Eine Allensbach-Studie belegt, dass Anerkennung durch andere immer wichtiger wird; die Selbstachtung dagegen wird immer unwichtiger!). D a s i s t Schwarmverhalten bzw. Schwarm-Intelligenz! Was sich als sozial bewährt hat (Social Proofs) gewinnt größere Bedeutung als das Verhalten und Denken von elitären Spezialisten in Management und Politik! (Und die Aufstände im arabischen Raum, in China und Afrika ... sind Belege dafür).

In allen komplexen Systemen sind fünf Sub-Systeme erkennbar. Es müssen 1. „operative Einheiten“ (im menschlichen Körper die Organe, Muskeln ...) da sein, die Grundfunktionen gewährleisten. Dann muss es 2. eine Stelle geben, die die Aktionen koordiniert (z.B. im Körper das zentrale Nervensystem das die Muskeln für komplexe Bewegungsabläufe koordiniert). Um möglichst gut zu sein und besser zu werden (das dient dem Überleben!) müssen – über das Eigeninteresse der operativen Einheiten/der Verwaltung ... hinaus – 3. Instanzen dafür Sorge tragen, dass das Gesamtsystem in seiner Funktion optimiert wird, also lernt. Da jedes System auch Teil anderer Systeme ist (wie die geschachtelten russischen Matrioschka-Puppen), ist 4. Der Kontakt und die Rückmeldung zum jeweilig größeren System notwendig. Die Verbindung zur Umwelt ist für das Überleben längerfristig hochbedeutsam. Und schließlich müssen 5. Werte gesetzt werden. Sie machen die Identität, das Bewusstsein, das Selbstverständnis, die Moral oder/und die Grundannahmen des Systems aus.

*Was bedeutet das für die Bewältigung unsrer sozialen und politischen Konflikte?*

Wir müssen erkennen, dass Leben in größeren Systemen eben nicht „einfach“ ist. Und es gibt nur selten „einfache“ Ursache-Wirkungs-Modelle für das menschliche Leben! Es ist komplex und das menschliche Zusammenleben erst recht. Jeder sagt es, alle wissen es: Unsere moderne Welt ist viel komplexer, als das je der Fall war. „Alles hängt irgendwie mit allem zusammen!“ Der Computer hat die Welt und damit auch uns verändert. Die heutigen Lebensbedingungen erfordern von uns viel mehr Wissen als zu früheren Zeiten; ja, sogar eine gewisse Lebensweisheit, um uns zurecht zu finden und „gut zu leben“. Mit Weisheit wird häufig nichts anderes als ein angemessenes Verstehen und Umgehen mit Komplexität bezeichnet. Es fällt uns schwer, komplexe

Systeme wirklich zu verstehen, weil sie eben nur dadurch „funktionieren“, dass eine Vielzahl von Elementen in diesen Systemen vernetzt sind und sich – für den Laien meist nicht nachvollziehbar – wechselseitig beeinflussen. Die Maschine ist linear konstruiert: Wenn man diesen Schalter bedient wird jenes geschehen. (Linear sind Systeme, wenn ein und dieselbe Ursache stets den gleichen Effekt hat.) Eine Uhr ist vielleicht kompliziert konstruiert – aber sie ist nicht komplex: Ich ziehe sie auf (Energie), und sie liefert mir eine kontinuierliche Zeitmessung, und zwar ewig gleich (solange sie heil bleibt). Das menschliche Leben ist nicht linear. (Wenn ich viel esse, werde ich nicht unbedingt dick. Wenn ich rauche, muss ich nicht in jeden Fall früher sterben ...). Bei nichtlinearen Systemen oder Organismen kann man ein zu erwartendes Verhalten nicht mit Sicherheit voraussagen. Immer wird man Fragen nach dem wahrscheinlichen Verhalten mit den Worten beginnen müssen: „Das kommt ganz darauf an, unter welchen Umständen ...“. Ursachen und Wirkungen sind nicht „einfach“ linear verknüpft, sie bedingen und beeinflussen einander nicht unbedingt direkt proportional. Wechselwirkungen und Rückkoppelungen können aus einem einzigen Ereignis (einer Welle) eine Katastrophe (einen Tsunami) entstehen lassen. Kleinste Schwankungen beeinflussen dabei ein zwar durchaus vorhersagbares bzw. mögliches, aber nicht wirklich berechenbares Ereignis. So sind Verschiebungen der Kontinentalblöcke in großen Tiefen durchaus üblich, aber o b dadurch und w o Erdbeben oder Vulkanausbrüche oder Tsunamis entstehen, ist kaum vorhersagbar. Ob der akkurate Pass eines Fußballers auf seinen Stürmerkollegen zum Torschuss führt, bleibt von vielen anderen Faktoren abhängig. Ob eine gesunde Lebensführung automatisch zu einer längeren Leben führt, ist durchaus fraglich – besonders wenn dieser Mensch einen riskanten Freizeitsport ausübt ...

Ein kluger Mensch weiß um die Fakten des Lebens; er hat erfahren (nicht unbedingt in Büchern gelernt), dass manchmal ein Tropfen das Fass zum Überlaufen bringen kann. Er hat erfahren, wie plötzlich eine Menschenmasse „verrückt“ spielen kann, wenn sie in Bedrängnis oder in Bewegung kommt – und er wird sich rechtzeitig so verhalten, dass ihm und den Seinen möglichst nichts Schlimmes geschieht. Ein erfahrener Skifahrer weiß um die möglichen Gefahren einer Lawine, wenn er in einen Hang hinein fährt usw.

Wir wissen, dass komplexe Systeme (z.B. Verwaltungen) dazu neigen, eine Eigendynamik zu produzieren und zu „wachsen“. Die oben angesprochene Menschenmasse kann plötzlich anfangen zu laufen und in einen Engpass kommen ... Diese Flaschenhalssituation verändert das Verhalten des Einzelnen in der Masse extrem: Er kann kaum noch vernünftig handeln, er erlebt Panik ... Es geht hier – umgangssprachlich – um Aufschaukelungen: Das Erleben in solchen Situationen führt zu unerwarteten und nicht berechenbaren Verhaltensweisen; trifft hier der „entsprechende Funke“ das emotionale Gemisch, kann es zu einer Explosion kommen. Aber es ist gefährlich, sich im Chaos nach instinktiven Mustern zu richten.

So kann eine Zurückweisung eines Gedankens oder einer Idee im beruflichen Bereich zu einer massiven emotionalen Verstimmung in der Partnerschaft und vielleicht sogar zu psychosomatischen Störungen führen. So k a n n es sein; es m u s s aber so nicht sein. „Es kommt darauf an ...“. Die panische Flucht aus einem Raum voller Menschen durch die eine frei zugängliche Tür, führt zu mehr Verletzten und ggfs. Toten, als wenn in einem gewissen Abstand vor der Tür eine Säule steht. Sie ist nicht eine Blockade, sondern schafft Orientierung. (Das klingt zwar nicht logisch – ist aber psycho-logisch und vielfach belegt!).

Komplexe Systeme besitzen die Fähigkeit, sich selbst zu organisieren: Bienenvölker, Ameisenstaaten, aber auch das menschliche Gehirn, wie unser gesamter Organismus entwickeln eigene Kräfte, um sich z.B. bei Störungen wieder handlungsfähig zu machen. Die Weisheit des menschlichen Körpers hat im Verlauf der Entwicklungsgeschichte viele Möglichkeiten der Re-Organisation „erfunden“, z.B. den Schlaf, das Fieber oder die Krankheit, die vor weiteren, schwereren Ausfällen schützen soll. Die Selbstheilungskräfte unseres Körpers haben auch eine geistige Entsprechung: Nach Verwirrung oder Trauer oder Ärger beginnt eine Phase des Suchens, des Erklärens und der Bereitschaft, „das Problem“ zu bewältigen. Es gibt eine Weisheit des Körpers. Alles was uns kränkt, kann uns auch stärker machen.

Hierbei wirken viele Aspekte zusammen – und die sich qualifizierende Summe der beteiligten Vorgänge ist stets mehr als seine Teile. (Prinzip der Emergenz). Die Interaktion von Menschen ist nicht nur von der verbalen Botschaft abhängig, sondern sie ist beeinflusst von der Körperhaltung, dem Gesichtsausdruck des Gegenübers – aber eben auch von der Situation, in der wir uns befinden (ein Polizist vernimmt einen Tatverdächtigen nachts in der „Szene"…), von Vorerfahrungen und dem augenblicklichen Befinden der Teilnehmer (müde, alkoholisiert …). Das Konglomerat aller dieser Einzelaspekte gibt jene Gemengelage, die beispielsweise ein Richter Wochen später am „grünen Tisch" bei der Bewertung solch eines Einschreitens gar nicht nachvollziehen kann.

Wenn Weisheit eine spezifische, für bestimmte Konstellationen von Lebensproblemen relevante Kompetenz ist und zugleich eine allgemeine Kompetenz zur Bewältigung von (schwierigen) Lebenssituationen, dann ist die Fähigkeit, Komplexität zu meistern, e i n e – wenn nicht sogar d i e Eigenschaft –, die am ehesten im Sinne einer situationsübergreifenden Persönlichkeitseigenschaft Leben gelingen lässt. Die Intelligenz befähigt uns, durch logisches Denken Problemlösungen herbeizuführen; die Weisheit geht darüber hinaus und erkennt und unterscheidet Wesentliches von Unwesentlichem. Sie befähigt den Menschen, auch die konkreten Widersprüche einer Situation zu bewältigen bzw. auszuhalten. Darüber hinaus wird „der Weise" die Konsequenzen seines Handelns (und des Handelns ganz allgemein) für sich selbst und andere abschätzen. Weisheit kann – trotz und gerade wegen aller Komplexität – das Leben einfacher, genussfähiger machen.

Das klingt alles sehr schwierig, eben komplex. Ist es auch. Und ist es zugleich nicht. Bei der pragmatischen Lebensweisheit geht es stets darum, Komplexität zu erfassen, zu begreifen und – ohne sie zu nivellieren – daraus die wesentlichen Erkenntnisse zu ziehen. In den Weisheitstexten der Völker, in Sprichwörtern und Bauernregeln finden wir genau diesen Trend: Über Jahrhunderte oder über eine noch längere Zeit hinweg haben sich bewährte Erkenntnisse niedergeschlagen und sind von Generation zu Generation weitergegeben worden. Geschieht das heute noch? In der heutigen Zeit glaubt man gar nicht mehr so richtig daran, dass Leben auch „ganz einfach" sein könnte … Alles wird in unserer westlichen Kultur in Einzelteile zerlegt, wissenschaftlich analysiert. Und was kommt dabei heraus? Spezialisten wissen über immer weniger zwar immer mehr Bescheid – aber sie verlieren dabei den Blick für das Ganze, das Gesamtgeschehen. Weisheit hat einen übergreifenden Bezug und ist eben m e h r als Intelligenz.

In diesem Sinn bedeutet Selbstorganisation, dass sich Menschen mit denselben Vorstellungen zunehmend – unabhängig von Parteien oder Regierungen – im globalen Netzwerk zu einer digitalen und interaktiven „Graswurzel-Kultur" zusammenschließen, um ihre Interessen zu vertreten und durchzusetzen. Solche Interessen werden – im Gegensatz zu ideologisch geprägten Interessensvertretern – pragmatisch und sehr zweckorientiert verfolgt. Die zentral gelenkte Macht wird (in Demokratien) immer mehr an Bedeutung verlieren. Politiker können zunehmend n i c h t mehr ohne die Akzeptanz der Bürger Projekte durchbringen. (Trotzdem benötigen wir das Plebiszit.)

*Was könnten „Fehlentwicklungen" sein?*

Es scheint so, als würden sich immer mehr Menschen in die Resignation oder in „das Private" zurückziehen. Es gibt – so darf man vermuten– immer weniger Menschen, die sich noch freiwillig und eigentlich ohne äußeren Auftrag engagieren. Man ist nicht mehr bereit, sich langfristig und mit viel Zeitvorlauf zu binden. Und – da man „das Ganze" sowieso nicht mehr wirklich versteht – versucht man (?) sich die Welt mit einfachen „Modellen" zu recht zu zimmern: Im Gefängnis seiner Vorurteile (über Ausländer, Homosexuelle, Soldaten, Ärzte ...) fühlt man sich sicher. Die staatsbürgerliche Verweigerung ist ein gefährliches Zeichen für eine Demokratie.

Eine zweite, nicht unproblematische Neigung kann beobachtet werden: die „Flucht" in eine unspezifische Spiritualität. Alles, was sich darunter subsumieren lässt, treibt Blüten. Vor allem esoterische, asiatisch-indianische und mittelalterliche Heilungs-Mythen mit verquasten Ideologien begeistern verwirrte Sinnsucher. Statt dem „einfachen und gesunden" Lebenspfad der Vernunft zu folgen, „glaubt" man gern an Heilslehren mit gemischtwarenähnlichem Hintergrund. „Meister" werben für ihre Kurse, in denen man im Schnellverfahren (in 30 Minuten!) lernen kann, was sonst nur in zweiwöchigen, teuren Urlauben zu vermitteln sei. Zitat: „Die Matrix ist verwoben mit den transzendentalen Klängen tibetischer Klangschalen, dem australischen Didgeridoo, Mönchsgesängen und Theta-Klängen aus der Gehirnforschung ...". So blüht – wie zu Urzeiten – wieder hedonistisch-pseudoreligiöser Unsinn, der die Menschen verdummt! Man könnte meinen, dass sich der Kreis schließt ... Und ist nicht der „alte Adam" so geblieben, wie er immer war: auf der egomanisch-egoistischen Suche nach seinem kurzfristigen Vorteil, nach Anerkennung und Macht, nach „Sex und ‚Fressen'"?

Und drittens: Wir neigen dazu, alle Probleme zur „Lösung" den Experten zuzuschieben; diese sind oft „selbsternannt" und nicht selten Mit-Urheber einer Misere! Am deutlichsten wird das bei der Gesundheit: Für jede Detailkrankheit haben wir Spezialisten – aber immer weniger Ärzte verstehen (wie früher „die alte Hausärztin") etwas von der Gesamtbefindlichkeit der Persönlichkeit. Oder: Wir haben über 6.000 akademische Berufe, zu denen ausgebildet wird – aber der Eigenheimbesitzer kann in den meisten Fällen seine eigene Heizung nicht mehr selbst warten oder steuern! Verträge, Abmachungen, Testamente oder auch nur eine Hausordnung werden heute meist ohne „Anwalt", also ohne juristische Beglaubigung, kaum noch eingehalten. Für jeden Konfliktfall gibt es externe „Schlichter", Moderatoren und Ombudsleute ...

*Was bedeutet das letztlich?*

Leben ist einerseits komplizierter geworden, andererseits gehorcht es noch immer den urmenschlichen Bedürfnissen. Neben den physiologischen Grundbedürfnissen bestehen die „geistigen Bedürfnisse" in dem Wunsch nach Kontrolle (des eigenen Lebens), nach Verstehbarkeit und nach Wohlstand und Freiheit/Selbstbestimmung oder Gerechtigkeit (nicht im streng juristischen Sinn!). Zugleich gibt es das Streben nach „Aufgehen in der Masse" der Gleichgesinnten, nach Zugehörigkeit (vielleicht Heimat?) und Genuss. In dem Gefühl und dem Wissen darüber, irgendwo zugehörig zu sein, entsteht soziale Identität.

Das Wichtigste im Leben sind weder Verordnungen, Gesetze oder Besitz, auch nicht Macht und Einfluss – sondern die Kunst, sein Leben friedlich und genussvoll mit anderen Menschen zusammen zu gestalten!

**Das tägliche Tun und Lassen**

Jeder Tag könnte ein Fest sein. An jedem Abend könnte das Kopfkissen ein Ort des friedlichen Ausatmens sein. Jeder Morgen könnte der Beginn eines neuen, kleinen Wunders sein.

Vielleicht sollten wir einmal innehalten und uns einen von diesen ganz normalen Tagen genauer ansehen. Jeder Tag ist eingebettet in das bisherige Leben; in vielen Fällen läuft er so routinemäßig ab, dass man ihn gar nicht wirklich bewusst wahrnimmt – er rauscht vorbei. Aber jeder neue Tag ist auch der Beginn des zukünftigen Lebens. HEUTE ist der Tag, der besonders wichtig ist; denn nur heute gestalte ich mein Leben. Und i c h bin für das Gelingen dieses Tages verantwortlich. Wie kann er mir gelingen?

Viele Menschen (zu spät am Vorabend ins Bett gegangen) lassen sich vom Wecker wecken – meist als Radioweckruf –, nicht selten zur vollen Stunde, um gleich mit – meist scheußlichen – Nachrichten zu beginnen. Noch nicht ganz wach, lassen wir uns durch aufregende Meldungen aus aller Welt in den Tag ziehen. Besser wäre es, wenn – nach ausreichendem Schlaf – das Aufwachen „geschieht“. Und wenn man sich eine kleine Zeit zum wirklichen Wachwerden schenkt. Gedanken an das „Geschäft des Tages“ – mit der Einstellung, seine Sache heute gut zu machen. Es könnte hilfreich sein, sich – noch im Bett liegend – vorzustellen, wie man sein wird: Was will und werde ich erreichen? Wie kann ich das am besten schaffen? Was werde ich heute auf jeden Fall vermeiden? Wie will ich mit anderen, mir wichtigen Menschen umgehen? Wie werde ich mich verhalten?

Es ist sinnvoll und klug, jeden Gedanken einen Moment wirken zu lassen und möglichst konkret zu erleben: Ich sehe mich, wie ich bin, wenn ich „gut“ bin. Diese Visualisierung sollte realistisch-positiv sein. Das hat – im Sinne der selbsterfüllenden Prophezeiung – eine stärkende Wirkung. Dabei wäre es nicht sinnvoll, alles, was der Tag bringen kann, in ein rosarotes Licht zu tauchen bzw. nur Freude und Spaß zu erwarten. Nein, jeder Tag ist Herausforderung u n d Quelle der Freude zugleich! Nichts befriedigt mehr, als die Aufgaben des Tages gut bewältigt zu haben.

Mit diesen ersten Überlegungen in den Tag können wir auch ein paar allgemeine Gedanken verbinden; zum Beispiel: Ich werde nicht hetzen, sondern meine Dinge langsam und gewissenhaft erledigen. Ich werde den Menschen freundlich begegnen und ihnen wenigstens kleine Zeiten der Zuwendung schenken. Ich werde meine Aufgaben oder Tätigkeiten mit Bewusstsein unterfüttern: Es soll mir immer möglich sein, mein Tun als sinnvoll zu begründen.

Die Morgentoilette, das Frühstück, der Gang zur Arbeit geschieht in achtsamer Ruhe. Vorher hat man sich von der Familie verabschiedet – durchaus in dem Bewusstsein, wie schön es ist, sie zu haben und für sie da zu sein – und sich darauf zu freuen, sie nach der Arbeit wieder zu sehen.

Seine Aufgaben gern zu erfüllen, ist d i e Quelle gegen Frustration und Ausbrennen! Dabei sollte man sich immer wieder klar machen, dass die Arbeit befriedigen sollte, und nicht unbedingt dafür da ist, „Spaß" zu haben: Sie sollte als sinnvoll verstanden werden. Dazu gehört auch, dass man für seine Arbeit bezahlt wird und deswegen eine Gegenleistung erbringen muss. In vielen Fällen wird man etwas tun müssen, was einem nicht so liegt, was man nicht so gern tut. Wenn es zu meinen Aufgaben gehört, ist es meine Pflicht, sie zu erledigen und zwar ordentlich und gewissenhaft. Gleich, welche Arbeit ich verrichte: Ich habe die Möglichkeit, sie schlampig, nachlässig und unvollständig zu erledigen. Aber ich habe auch die Möglichkeit und den Anspruch, sie gut zu erledigen: So gut, wie es nötig ist, pünktlich und zuverlässig. Wer mit dem Gefühl arbeitet, dass jeder Fachkundige diese Arbeit jeder Zeit „begutachten" könnte, lebt besser als der Ängstliche, der sich nicht über die Schulter blicken lassen möchte.

Bei jedem Tun sollte man auch den Blick auf den „Kunden" werfen: Wer ist der „Abnehmer" meiner Leistung? Mit welchen Vorstellungen kommt er zu mir? Wie kann ich noch besser seine Bedürfnisse erfassen und seine Wünsche erfüllen? Solche Fragen sind besonders im Dienstleistungsbereich wichtig (vgl. Kasten: Gast).

Es ist klug und zeugt von Weisheit, wenn man sich in dem, was man tut, immer wieder reflektiert: Was mache ich hier eigentlich? Wozu dient das? Was ist mein persönlicher Anteil am Gesamtgelingen? Solche Überlegungen berühren auch die Frage nach der Kompetenz: Bin ich für diese Tätigkeit genügend qualifiziert? Bin ich vielleicht sogar überqualifiziert? Könnte ich mehr oder anderes leisten? Bin ich eigentlich an der richtigen Stelle? Sollte ich einmal ein klärendes Gespräch mit meinem Vorgesetzten führen (nicht in erster Linie, um nach mehr Gehalt nachzusuchen!)? Bin ich bereit und schätzt man mich so ein, dass ich eine andere Aufgabe – vielleicht sogar eine Führungsfunktion – übernehmen könnte?

Grundsätzlich ist zu überlegen, ob man sich eigentlich in seiner Arbeit und an seiner Arbeitsstelle richtig aufgehoben fühlt? Kann ich vertreten, was ich da tue? Diese Frage kann z.B. dann weitreichende Folgen haben, wenn mir bewusst wird, dass ich in der Rüstungsindustrie tätig bin oder bei der Herstellung von „Chemie-Nahrungsmitteln“ mitwirke. Wenn ich das erkenne und für mich feststelle: „Ja, das ist so!“, sollte ich es auch aufrichtig und richtig tun! (Das Richtige richtig und aufrichtig tun!). Es kann sein, dass ich dann zu der Überzeugung komme, die Arbeitsstelle, gar den Beruf zu wechseln. Dazu wären sicherlich ernste Gespräche mit den Familienangehörigen oder mit speziell befähigten Beratern sinnvoll.

Worum es geht, ist wohl, das tägliche Tun nicht als Strapaze o.ä. zu empfinden, sondern als e i n e Quelle der Bestätigung und Zufriedenheit. Natürlich sind die Arbeitsbedingungen oft nicht so, wie man sie sich wünscht. Die Fremdbestimmung, der Zeitdruck, die Rivalität zu Kollegen, fehlende Anerkennung ... sind Faktoren, die in der Tat belasten. Weil diese Faktoren Realität sind, sollte der Einzelne Strategien entwickeln und einsetzen, um sich n i c h t durch solche Auswüchse in die Knie zwingen zu lassen. Ich weiß, das klingt einfach – und ist doch so schwer. Aber es hat ganz viel damit zu tun, mit welcher Einstellung man solch einen Tag in solch einem Betrieb durchsteht. Ich muss mich nicht über jede Kleinigkeit oder über jede Gemeinheit aufregen – dazu sollte mir mein Leben zu schade sein. Andrerseits sollte man zu Ungerechtigkeiten und Unverschämtheiten usw. auch nicht schweigen!

Es ist hilfreich für das gute Leben (und das ist letztlich das Ziel jeder Philosophie), sich zu dem, was man tut, zu bekennen. Auch seine Firma, das Unternehmen, die Verwaltung als eine Institution anzusehen, die den Fortbestand unserer Gesellschaft mitsichert. Man sollte seine Wohnung, sein Haus, seine Einrichtung, seine Umgebung (materiell wie personell) schätzen und pflegen. Wohlfühlen ist immer nur in der Gegenwart möglich.

Es wäre wünschenswert, den Tag bei der Arbeit, im Beruf ... so zuzubringen, dass man sich mit gutem Gewissen abends im Spiegel betrachten kann. Aber vorher sollte auch eine besinnliche „Umschalt-Pause“ möglich sein: Im Gespräch mit dem Partner/der Partnerin, mit Freunden ... bei einer Tasse Tee oder einem Feierabendbier? Ja, Ausruhen, Umschalten und zuweilen das Feiern gehören auch zu gelingenden Arbeitstagen dazu.

Gehören vor allem die wachen und aktiven Stunden des Tages dem Beruf, so wäre es gut, außerhalb dieser Beschäftigung Aktivitäten zu finden, die – im Ausgleich und in Ergänzung zur Arbeit – das Leben bereichern. Zu viele „verkorkste Biographien“ sind mir am Krankenbett und in den Therapiestunden erzählt worden: Zuviel gearbeitet, sich zu wenig um Freundschaften gekümmert, seinen Gefühlen nicht nachgegeben und nicht wirklich das Leben geführt zu haben, das man hätte leben wollen. Diese Erkenntnisse stecken in uns – wir benötigen dazu eigentlich keinen Therapeuten, um sie zu entdecken – und schon gar nicht den Zusammenbruch, den Burnout, die Trennung vom Partner oder den Herzinfarkt. „Ja, ich weiß, ich hätte nicht ...“ oder: „ich hätte früher und mehr...“ (vgl. B. Ware: 5 Dinge). Nach meiner Erfahrung gelingt das Leben nicht, weil man eine besonders gute Ausbildung, ein tolles Einkommen oder gute Beziehungen mit viel Einfluss usw. hat – was ja nicht hinderlich sein muss –, sondern weil man von Zeit zu Zeit nachgedacht, reflektiert und „anders entschieden“ hat. „Wüstentage“ nenne ich diese Zeiten gern: In die „Wüste“ = Stille und Einsamkeit gehen – und sei es nur für 1-2 Tage –, um sich klar zu werden oder Unbewusstes aufsteigen zu lassen ... Es sind Zeiten, in denen unser Körper und unser oft verdrängtes, besseres Wissen zu uns spricht! Oft sind es die vielen kleinen Dinge des täglichen Lebens, die wir nicht achten oder zu wenig beachten (vgl. Kasten: Die kleinen Dinge).

So wie der Tagesanfang mental angegangen werde kann, sollte man auch den Tag beschließen. Wir sollten uns klar machen, dass unser Verhalten immer unserem Geist folgt: Was wir denken, erleben wir und verhalten uns entsprechend – das Außen ist ein Spiegelbild meines Innen. (Sie können kein gelassenes Gesicht machen, wenn Sie innerlich „stinksauer" sind!) Ein Tagesrückblick ist eine gute Lernquelle. Fragen wie: „Was habe ich heute gut gemacht? Hätte ich etwas besser machen können? Welche Gespräche waren heute besonders erfreulich – und warum war das so? Habe ich heute meine Zeit und meine Energie richtig eingesetzt? Wobei hatte ich ein gutes Gefühl? Und woran hat das wohl gelegen? Habe ich erreicht, was ich mir am frühen Morgen vorgenommen hatte? ..."

Es ist wichtig, vor dem Einschlafen den Tag wirklich l o s z u l a s s e n ! Nachdem ich ihn mental bereinigt (s.o.) und geklärt habe, kann ich mir sagen, dass dieser Tag nun Geschichte ist – und die gemachten Erfahrungen morgen wirken können. Ich kann mir auch – als „gutes Schlafmittel" – sagen: „Ich bin für alle Erfahrungen, die ich heute machen konnte, dankbar." Oder: „Ich habe getan, was ich konnte und wollte – und nun ruhe ich in Sicherheit und Geborgenheit und gleite irgendwann in den Schlaf ..."

Dies liest sich nun vielleicht wie eine Lernlektion, die man jeden Tag zur Hand nehmen sollte ... Es ist erstaunlich, wie rasch wir uns sowohl Rituale an- wie auch abgewöhnen können. D a s Ritual, auf das wir nicht verzichten sollten, ist die „Nachdenkpause" – mitten am Tag oder gar mehrmals am Tag (vorzugsweise, wenn wir eine paar Meter an der frischen Luft gehen!).

Das Leben gelingt, wenn wir auch die ganz grundsätzlichen Regeln des gesunden Lebens beherzigen.

Dazu gehören die „kleinen Dinge“ des Alltags und die „größeren Überlegungen“. Die hier vorgestellten „Empfehlungen“ basieren sowohl auf wissenschaftlichen Erkenntnissen als auch auf meiner Lebenserfahrung; dies vor allem auch als Psychotherapeut und Begleiter von Menschen in schwierigen (Führungs-)Situationen.

DIE „KLEINEN DINGE“

- Den Tag mit guten Nachrichten beginnen, vielleicht ein Gedicht lesen ...
- Sein heutiges Tun in einem größeren Zusammenhang sehen;
- Ausreichendes und „richtiges“ Essen den Tag über;
- Genug Trinken – vor allem über den Tag verteilt;
- Sich um seine Füße kümmern ...
- Sich um einen anderen Menschen kümmern (teilhaben); z.B. gute Fragen stellen;
- Etwas weggeben, bewusst loslassen... hergeben, wegschenken ...
- Ein freundliches Gesicht machen/ öfter lächeln;
- Die „Probleme des Tages“ aus einem zeitlichen Abstand sehen;
- Sich für irgendetwas „Nebensächliches“ Zeit nehmen; (z.B. einem Musikstück lauschen, ohne „Nebenbeschäftigung“);
- Einen kleinen/ kurzen Spaziergang einlegen (Friedhof?);
- Auf einem Markt/ in einem Geschäft/ Hotel ... sehen, hören ..., was Menschen so tun, reden ...
- Jeden Tag etwas Neues tun/erleben ... Staunen ...
- Eine gewisse Zeit des Alleinseins genießen (Stille, Kontemplation ...);
- Etwas Schönes ansehen, hören, erleben ... Anteil haben ...
- Etwas herstellen; schreiben, malen, konstruieren ...
- Ein Lied singen, ein Musikstück spielen ...
- Den Kreislauf durch sportliche Bewegung belasten;
- Libidinöse Entlastung bzw. sexuelle Beglückung des Partners/ der Partnerin;

- Für etwas (das Leben, die Bedienung; den Kollegen ...) dankbar sein – und diesen Dank angemessen ausdrücken;
- Sich selbst etwas Gutes tun oder tun lassen (dankbar etwas annehmen);
- Bei einem Menschen, der einem nicht „so liegt", etwas Entlastendes, Positives ... denken z.B. den buddhistischen „Friedensspruch": „Mögest Du glücklich sein. Mögest Du in Frieden leben."
- Sich selbst, seine Arbeit, sein Leben ... zwar ernst, aber nicht so wichtig nehmen;
- Ein paar Zeilen mit der Hand schreiben (Brief ...?).

Die GROSSEN DINGE (langfristig)

- Sich klar werden, was wichtig ist (aus dem „Hamsterrad" der Aktivitäten heraustreten, Metasicht);
- Sich „in der Summe" auf Sinnvolles einlassen;
- Altruistische Potenziale pflegen/ praktizieren;
- Nichts aufschieben; ggfs. „Kindheitsträume" korrigieren;
- Belastendes mitteilen, aufschreiben, bearbeiten ...
- Den eigenen Tod bedenken, antizipieren, die Angst davor bewältigen;
- Mit Freunden gemeinsame Aktionen planen und durchführen;
- Eine persönliche Auszeit (einen „Wüstentag") einplanen und einhalten;
- Abschnitte planen, um Rück- und Vorschau halten zu können;
- Ziele haben und Ziele erreichen (Ergebnisse);
- Seinen Körper pflegen; in guter Verfassung halten ... (Gewicht, Attraktivität, Äußeres wie Inneres; Ausstrahlung, Überzeugung, „Feuer", d.h. sich optimal präsentieren;
- Erkennen und annehmen, was als Pflicht zu erfüllen ist;
- Das Unabänderliche in Würde tragen (z.B. Prozess des Älterwerdens, die irreversible Krankheit eines Familienmitglieds ...);
- Sich einem größeren Ganzen anschließen und verbunden fühlen ..., damit eine „ideologisch-politisch-geistige Heimat" haben;
- Durch eine gewisse Lebenspragmatik („So ist das Leben eben ... So sind die Menschen!") eine gelebte Form der Gelassenheit praktizieren.

Wer im Dienstleistungsbereich täglich mit anderen Menschen zusammen ist, vergisst leicht in der Routine des Alltags die wesentliche Bedeutung seines Tuns; denn auch ein „schwieriger" GAST bleibt ein Gast!

Wie will ich einem GAST begegnen?

**Der GAST ist die wichtigste Person für unser Unternehmen – gleich, ob er persönlich da ist, telefoniert, mailt oder schreibt.** *Geben wir ihm das Gefühl, dass wir uns wirklich freuen, dass er da ist!*

**Wir hängen vom GAST ab; er ist nicht von uns abhängig.** *Zeigen wir ihm, dass wir uns freuen, dass er zu uns gekommen ist oder kommen will.*

**Wir sind einem GAST nicht dadurch gefällig, dass wir ihn bedienen – sondern er tut uns einen Gefallen dadurch, dass er uns die Möglichkeit gibt, ihn zu bedienen.** *Immer wieder erinnern wir uns daran, dass wir „Dienende" bzw. Dienstleistende sind.*

**Ein GAST ist unser bester Kunde: Er stört uns nicht bei der Arbeit, sondern ist Sinn und Zweck unserer Arbeit.** *Der Gast hat „Vorfahrt" – wir lassen ihn möglichst nicht warten.*

**Die Wünsche des GASTES sind für uns Aufforderung und „Befehl". Es ist unsere Aufgabe, Wünsche zu ermöglichen und zu erfüllen.** *Im Moment unerfüllbare Wünsche – können wir möglicherweise in erfüllbare Wünsche umwandeln. Manchmal ist auch nur ein Teil eines Wunsches erfüllbar …*

**Mit einem GAST streitet man nicht, man belehrt ihn nicht und misst sich nicht rechthaberisch intellektuell mit ihm. Man kann keinen Streit mit einem GAST gewinnen.** *Auch Beschwerden oder „Anschuldigungen" werden bedauernd zur Kenntnis genommen und „kundenfreundlich" geprüft.*

**Der GAST ist weder eine „Nummer" noch eine statistische Zahl; er ist ein Mensch, der (vorwiegend) berechtigte Bedürfnisse und Anliegen hat.** *Als Gastgeber wollen wir, dass er sich wohlfühlt und gerne wiederkommt.*

**Wenn mich meine Gedanken belasten ...**

Erinnern wir uns an die unruhigen Jahre der Pubertät? Ständig war man irgendwie verletzt, verunsichert und vielleicht auch beschämt. Stets wollte man irgendwie anders als die Umwelt ... Niedergeschlagenheit wechselte rasch mit Begeisterung, Angst vor Ablehnung und coole Gleichgültigkeit konnten sich an einem Tag mehrmals ablösen. Verstimmungen, Unsicherheiten und Sehnsüchte gehörten zum alltäglichen Leben. Ist es ein Zeichen von Jugendlichkeit, wenn man sich weiterhin solchen seelischen Achterbahnfahrten hingibt?

Es ist ein Zeichen von Reife und persönlicher Souveränität, wenn man sich – trotz aller An- und Aufregungen „von draußen“ – immer wieder innerlich zu einer gelassenen Ausgeglichenheit führen kann. Alle Gefühle, die wir genießen oder erleiden, haben etwas mit unserer Lerngeschichte zu tun. Natürlich kennen wir alle Ängste – und einige von ihnen führen sicherlich auch zu „angeborenen“ Verhaltensdispositionen (zusammenzucken, weglaufen, wegsehen, schreien ...). Allerdings sind unsere Reaktionsweisen gelernte Verhaltensweisen – oft solche, mit denen wir, selbst wenn sie eher belastend sind, in irgendeiner Weise Erfolg gehabt haben. Dem Kind räumt die Mama die Schwierigkeit aus dem Weg; die Angst vor der Dunkelheit beseitigt der Papa mit einem Nachtlicht in der Steckdose (und kultiviert damit die Angst vor Dunkelheit!). Unsere empfundenen Gefühle sind ein wesentlicher Bestandteil unserer Persönlichkeit. Ausgeglichene, reife Menschen bekennen sich zu ihren Empfindungen, können sie ergründen und in den allermeisten Fällen auch zulassen bzw. kontrollieren. Wie Gefühle ausgelebt werden, hängt sehr stark von der sozialen Umgebung ab und von dem, was man für „eine Rolle“ spielt oder spielen muss! (Es ist ein Irrglaube anzunehmen, dass man immer und überall „echt“ und authentisch sein kann. Menschen in der Öffentlichkeit, seien Sie Politiker, Führungspersönlichkeiten in der Wirtschaft oder Wissenschaftler, müssen sich zuweilen Formen und Erwartungen anpassen.)

Wir alle haben aber neben unserem „öffentlichen Leben“ ein privates. Wo wir in einer intimen Beziehung oder auch allein leben, sind wir immer wieder mit unserem Innersten, mit unseren wahren Gefühlen konfrontiert. Man könnte leicht dem Gedanken zustimmen, dass wir dann besonders lebendig und zufrieden sind, wenn wir gar nicht über unser Befinden nachdenken müssen oder wollen. (Insofern wäre der Descartes'sche Satz: „Ich denke also bin ich!" eher hinderlich für das Wohlsein!). Allerdings ist es hilfreich, dort, wo Gefühle und Emotionen mich belasten, im Sinne einer „Disputierkunst mit sich selbst", die Ursachen und die Zwecke dieser Empfindungen zu ergründen und dadurch auch zu beeinflussen. Grundsätzlich sind zwei Wege dafür denkbar: Man „verändert" die Gefühle, indem man sie verwandelt oder transformiert, also in einen anderen Rahmen setzt (refraiming). Oder man ändert seine Einstellung zu dem Gefühl, was da in einem aufgestiegen ist.

Darum soll es im Folgenden gehen.

Jeder wird das kennen: Aus irgendeinem Grund ist man maulig, unzufrieden oder einfach nur schlechter Laune. Wer uns gut kennt, sagt vielleicht: „Was ist mit dir los?" Man weiß es selber nicht und sagt übellaunig: „Nix!" – und spürt zugleich, dass das nicht stimmt. Wenn es irgendwie geht, sollte man sich hier eine kleine Auszeit nehmen. Dazu kann man sich in eine stille Ecke zurückziehen oder einen kleinen Spaziergang – ohne viel Ablenkung – machen. Auf die Frage an sich selbst: „Was ist eigentlich los mit mir?", gibt meist der Körper eine erste Antwort. Wo spüre ich im Körper etwas, was anders ist als sonst? Bin ich in der Atmung angespannt (als läge ein einengender Reifen um die Brust)? Empfinde ich einen Druck in der Magengegend? Fühle ich mich verspannt, was sich möglicherweise in einer Verspannung im Nacken-Schulterbereich (den ich nicht richtig „lösen" kann) bemerkbar macht? Sind es Gedanken, die mich immer wieder auf ein bisher nicht gelöstes Problem hinweisen? Sind es sogar Kopfschmerzen (sich den Kopf zerbrechen!)? Oder sagt man sich auf der Suche nach einem körperlichen Korrelat der Stimmung: „Ach, ich fühle mich zur Zeit einfach nicht wohl in meiner Haut!" Es können aber auch diffuse Empfindungen einer Traurigkeit oder eines Getriebenseins sein, die mich belasten. Oft haben wir schlechte Laune, weil irgendetwas zwischen uns und einem anderen Menschen schiefgelaufen ist: Man fühlt sich vielleicht zurückgesetzt, nicht genügend gewürdigt, angegriffen, bloßgestellt ... Meist wissen wir den wirklichen Grund nicht für das Empfinden. Dem gilt es, nachzuspüren. Nach der Feststellung, wo sich was in meinem Körper „festgesetzt" hat, kann ich an die Gründe herangehen. Es kann sein, dass ich tatsächlich eine Grippe ausbrüte oder an einer Übersäuerung des Magens leide. Möglicherweise habe ich am Vorabend zu viel Alkohol getrunken, das Falsche gegessen ...? Für ein seelisches Tief sind aber meist andere Gründe ausschlaggebend: Ich hatte eine hohe Erwartung, die nicht erfüllt wurde – oder ich bekomme ein berufliches Problem nicht wirklich in den Griff – oder ein bevorstehendes, notwendiges Gespräch schlägt mir auf den Magen ...

An einem wohl jedem bekannten Beispiel sei das hier gewünschte Vorgehen verdeutlicht. Man ist – etwas in Hektik – mit dem endlich gepackten Auto auf dem ersten Kilometer in den Urlaub. Und dann befällt einen so ein „blödes Gefühl“: Man wollte noch irgendetwas erledigen oder tun ... Aber was war es? Man fängt an zu grübeln und ist für andere Gedanken nicht so richtig bereit. Wollte man noch nachsehen, ob die Waschmaschine abgestellt war? Oder sollte man noch eine wichtige Angelegenheit wegen der Abwesenheit klären? Himmel ... Man wird immer ungeduldiger und zweifelt zunehmend an seinem Verstand. Man ist „blockiert“. Und dann plötzlich fällt es einem ein: Ach ja, es ging um die Hotelunterlagen, die man mitnehmen wollte! Jetzt ist es wie eine Erlösung: Man weiß, was man vergessen hatte und kann jetzt ziemlich locker feststellen, dass man ja die Telefonnummer des Hotels hat und im Zweifelsfall dort bei einer Verspätung anrufen könnte. Es geht einem wieder gut: Man freut sich auf den Urlaub ...

Das ist der Zugang zu diesem zweiten Schritt zur Ergründung der miesen Stimmung: Wenn man den Grund gefunden und benannt hat, kann man darüber nachdenken, ob die Gedanken, die man sich dazu macht, wirklich begründet sind. Kommt man zu der Erkenntnis, dass die schlechte Laune mit dem letzten – so zwischen Tür und Angel geführten – Gespräch mit einem Kollegen zusammenhängt, kann man wohl auch sein Gefühl besser benennen: Bin ich nur „sauer“, wie er mich behandelt hat? Oder bin ich enttäuscht, weil er sich keine Zeit genommen hatte? Oder bin ich wütend auf ihn, weil er mich in Anwesenheit anderer Kollegen „vorgeführt“ hat – und alle haben gelacht? Oder, oder, oder ... Wir schreiben ja dem Verhalten eines solchen Menschen sofort eine Bedeutung zu: „Der mag mich nicht“, denken wir, oder: „Was bildet sich der Blödmann eigentlich ein ...!?" Oder: „Ich hasse diese arrogante Art von dem ...!" Wir beziehen also eine emotionale Stellung zu dem, was dort auf der Kommunikationsebene gelaufen ist oder auch nur – wie wir glauben – angedeutet wurde.

Es kann aber auch sein, dass ich einen Fehler begangen habe: Ich habe jemanden nicht rechtzeitig informiert oder einem Kunden etwas versprochen, von dem ich hätte wissen müssen, dass wir als Firma den Zeitrahmen nicht einhalten können ... Jetzt hat er sich beschwert. In diesem Schritt der „Befindlichkeitsanalyse" geht es darum, den möglichen G r u n d für meine Verstimmung zu erkennen. Wenn es mir gelingt, mein diffuses Unwohlsein (vgl. das Beispiel bei der Urlaubsreise) auf eine Ursache hin zu ankern, werde ich (wieder) handlungsfähig. Ich nehme das Empfinden als Zeichen (vgl. das Kapitel: „Dunkelzeiten"), dass ich etwas ändern soll. Und ich nehme das Gefühl ernst! Es will mir etwas sagen. So wie ein körperlicher Schmerz darauf hindeutet, dass Handlungsbedarf besteht, damit wieder alles in Ordnung kommt, sind auch (Ver-)Stimmungen Hinweise darauf, dass man etwas korrigieren sollte.

Ich kann überlegen, ob diese Gedanken, die ich habe, gerechtfertigt sind. Ich kann darüber nachdenken, ob sie wirklich auf Tatsachen oder „nur" auf meine Fantasie zurückzuführen sind. Ich kann überlegen, was ich dagegen tun bzw. wie ich mit ihnen umgehen möchte. Sollte ich mit jemandem darüber sprechen? Mit wem? Sind die aus dem Erlebten gezogenen Schlussfolgerungen wirklich so furchtbar, wie ich im ersten Moment angenommen habe? Was ist eigentlich daran so schlimm? Wieso lasse ich mich durch diese Person so massiv in die Defensive treiben? Will ich diesem Kollegen wirklich so viel Macht über mein Befinden geben? Ich kann klären, was mir jetzt am meisten helfen würde, um wieder ins emotionale Lot zu kommen. Es ist bei diesem Schritt der Selbstregulierung wichtig und klug, sich wirklich etwas Zeit zu nehmen und zu sich ehrlich zu sein.

Und damit sind wir bereits beim nächsten Schritt: Ich stelle mir – vielleicht sogar in einer sehr entspannten Situation – vor, wie es wäre, wenn das „Problem" weg oder überwunden wäre ... Und hier setzt ein merkwürdiger, sehr psychologischer Mechanismus unseres Organismus ein: Stelle ich mir den gewünschten Zustand (also die Wiederherstellung meines Wohlbefindens) vor mein geistiges Auge und Erleben, wird mein Unbewusstes angesprochen und aktiviert, dabei zu helfen, genau das, was ich mir vorstelle, zu verwirklichen. Die Weisheit des Körpers befähigt mich, Kräfte zu entwickeln, die das Dilemma beheben können. Mit Hilfe der jetzt wieder besser funktionierenden Ratio/Vernunft werden mir Möglichkeiten einfallen, wie ich „das Problem" angehe. Damit ist eine Besserung der Befindlichkeit garantiert; denn der Mensch will sein Leben handelnd und nicht erleidend gestalten.

In einem letzten Schritt – wahrscheinlich sind hier erst ein paar Minuten vergangen – kann ich mir überlegen und vornehmen, wie ich mich fühlen möchte und was ich jetzt empfinden will. Meist ist dieser Schritt mit tiefen Atemzügen der Erleichterung verbunden.

Es gibt ein großes, aber selten benutztes Wort: Gleichmut! Wer Gleichmut zeigt, beweist die Kunst, bei hoher Empfindsamkeit und zugleich mit sicherem Urteil das Wichtige vom Unwichtigen zu trennen. Es soll nicht sein, dass uns Beliebiges aus der Fassung bringt! Damit ist nicht das stoische Ideal der Unerschütterlichkeit gemeint, sondern die Fähigkeit, mitzufühlen, ohne sich von den sich leicht aufschaukelnden Affekten überschwemmen zu lassen. Es bedeutet, sich von Sorgen zu distanzieren und sie trotzdem ernst zu nehmen. Es gibt immer Wichtigeres als das, was mich gerade beschäftigt! Die „Verhältnismäßigkeit" oder das Gefühl für die Proportionen eines Geschehens misst sich an sehr unterschiedlichen Bedeutsamkeiten: Geht es um meine Gesundheit oder um die politischen Dimensionen oder um berufliche bzw. private Interessen? Welche Sichtweise ist unter welchen Kriterien wichtiger als die andere? Kann man das wirklich immer auseinanderhalten? Darf man das? Das bedeutet, dass eine ausgewogene Verfassung dadurch entstehen kann, dass man unterschiedliche Aspekte betrachtet, die eben auch über das individuelle Wohlsein und Wünschen hinausgehen: sich selbst ernst, aber nicht zu wichtig nehmen! Selbstironie (Belächeln der eigenen angeblichen Wichtigkeit) ist ein Kriterium für Weisheit.

Solche Überlegungen können auch für jede Partnerschaft sinnvoll und anregend zu sein. Da wir am meisten durch andere Menschen in unserem Wohlbefinden bestärkt oder auch verunsichert und zuweilen verärgert werden, ist die Regelung schon kleiner „Konflikte" ein gutes Mittel, um – bei Verstimmungen – ein gutes soziales Mikroklima zu erhalten. Auch dazu ein paar Überlegungen vorab. Wir wissen, dass kommunikative Fehler kaum eine Rolle spielen, wenn die Beziehung wirklich gut und wenn man als Beteiligter in einer guten seelischen Verfassung ist. Aber ... Jeder kennt dieses Aber! Da ist es eine Nachlässigkeit, ein Vergessen, eine kleine „Schlampigkeit", zuweilen mal der Ton, dann ein „Heimlich tun" oder der kleine Verstoß gegen eine Absprache ... Es sind oft die Kleinigkeiten, die uns zwar stören – die aber, wie wir gern sagen: nicht der Rede wert sind! Also ertragen wir sie und wähnen uns souverän – aber sie summieren sich und an irgendeiner Stelle „knallt" es dann plötzlich. Eigentlich meist eine völlige Überreaktion. Wie kann man so etwas vermeiden oder zumindest minimieren? 1. Man sollte dem Partner nichts Böses unterstellen – ihn also „lieben" oder zumindest auch gerade dann, wenn er (oder sie) es am wenigstens „verdient" hat, respektieren und wertschätzen. 2. Es empfiehlt sich, n i c h t Vorwürfe zu formulieren, s o n d e r n Fragen zu stellen: „Was meinst du damit? – Erklär mir bitte mal, wie du darauf kommst? – Worauf beziehst du dich, wenn du so unzufrieden mit mir bist ...?" Wenn wir keine Gegenprovokation starten, läuft ein leicht aggressiver Angriff meist ins Leere. Es sollten dann 3. auch nicht sofort „Richtigstellungen" oder Belehrungen erfolgen, sondern durch weitere Fragen erreicht werden, dass sich keiner von beiden in eine emotionale Sackgasse manövriert.

Im Sinne eines Weisheitskonzepts ist ein derartiges Vorgehen des „Emotions-Managements" (der Gefühls-Regulierung) ein kleiner Akt mit großer Wirkung. Vielleicht wird man, wenn man traurig war, nun nicht gleich ein Ausbund an Lustigkeit sein. Aber man kann sich wenigstens wieder in eine neutrale Stimmung bringen, das eigene Leid (?) im intergalaktischen Raum sehen! Damit wird man sowohl gelassener als auch wieder sozialverträglicher. Ganz abgesehen davon, dass man jetzt wieder besser belastbar ist ...

„Mild und gütig" soll der Weise im Umgang mit anderen Menschen sein – auch mit sich selbst. Die Erfahrung lehrt, dass tatsächlich die Art und Weise, wie wir miteinander umgehen, viel darüber aussagt, wie es uns geht, und ob wir zur Friedlichkeit bereit und fähig sind. Unsere Gedanken und die innere Einstellung zu den Ereignissen prägen unser Wohlsein.

**Ich muss mein Ich selbst gestalten**

Die Hauptquelle der Lebenszufriedenheit liegt in der frühen qualitativen Zuwendung der Eltern zum Kind. Drei miteinander korrespondierende „Umsorgungs-Bereiche" gibt es für Eltern ihren Kindern gegenüber: die physische Versorgung mit guter Nahrung in Verbindung mit dem „materiellen" Schutz vor „Kälte und Gefahr". Dann kommt es auf die rechtzeitige geistige Förderung und entsprechende Anforderungen an. Am wichtigsten ist aber wohl die emotionale Zuwendung. Liebesmangel zerstört oder belastet das spätere Leben in vielfältiger Weise. Wer als Kind nicht erfahren hat, um seiner selbst willen geliebt und gefördert zu werden, versucht sich „Zuwendung" zu erwerben, so dass er tut, was die Eltern wollen: I h r e Erwartungen und Vorstellungen sollen erfüllt werden (hübsch angezogen sein, sich nicht schmutzig machen, lieb sein, nicht auffallen, nichts kaputt machen, vor allem dann in der Schule „gut" sein und Leistungen erbringen, vielleicht sogar einmal das zu können, was man als Elternteil nie geschafft hat – Eiskunstläuferin, Musik-Star ...). Jede Abweichung von solchen Utopien erregt den Zorn der Eltern, woraufhin die Kinder meist unangepasst reagieren und „stören". Das wiederum nervt und überfordert die meist sehr jungen Eltern, die ja auch noch „ihr Leben" leben möchten! Lieblosigkeit, fehlende gemeinsame *Spiel*-Zeit und mangelhaftes Verständnis der Eltern für ihre Kinder führen zu frühen Kränkungen, Demütigungen und Abwertungen. Die Kinder fühlen sich allein – und werden mit elektronischem „Spielzeug" abgefüttert. Die Eltern spüren, dass ihre Kinder eigentlich dann am meisten Liebe benötigen, wenn sie sie ihrer Meinung nach am wenigsten „verdienen". Ein Teufelskreis.

Was wird aus solchen Kindern? Da Selbst-Akzeptanz (und Selbstliebe) durch Fremd-Akzeptanz (und Fremdliebe) begründet wird – und diese Kinder so etwas nicht wirklich erlebt haben, richten sie ihre sensiblen, sozialen Antennen auf das, was sie bei anderen Menschen sympathisch macht: Anpassung bzw. „Selbstentfremdung". In einer „Wettbewerbs-Gesellschaft" wie bei uns muss man in erster Linie durch Leistung und „Kampf um einen guten Platz" in der jeweiligen Hierarchie auffallen. Bestätigung erfährt man dann nicht dadurch, dass man das tut, konsumiert, erlebt ... was wirklich zu einem passt, sondern durch das, was von einem erwartet wird; das alte „Kind-Verhaltens-Muster" wird beibehalten.

Solche Menschen werden häufig tüchtig: Sie strengen sich an, arbeiten fleißig, sind kreativ und folgen den Erwartungen ihrer Chefs. Mit Fleiß und Ausdauer, aber auch mit vielfachen Entbehrungen erreichen sie die Ziele, die eigentlich gar nicht die ihren sind! Ihre tief sitzende Selbstunsicherheit und Minderwertigkeitsgefühle werden nur durch Fremdbestätigung kompensiert. Erfolge im Beruf, im Sport oder auch der Politik macht diese Menschen in gewisser Weise süchtig. Die ersehnte Bestätigung durch andere muss ständig genährt werden: Eine wirkliche Zufriedenheit und Entspannung ist so kaum möglich; immer sind sie auf dem Sprung, immer medienmäßig erreichbar, immer „an der Sache engagiert" – kaum aber wirklich liebevoll zu anderen Menschen.

*Eine etwas überzeichnete und stark gekürzte Biographie mag das Gesagte erläutern: Peter B. ist eher klein, aber sehr tüchtig. Er hat sich nach anfänglichen Schwierigkeiten in der Schule über eine Lehre in eine führende Position in der Holzwirtschaft hochgearbeitet. Er ist stark abhängig von der Anerkennung durch seinen Chef, der ihn „gnadenlos" ausnutzt. Peters Tüchtigkeit – die ihm mehr seelische Energie entzieht als er hat! – wird mit kleineren und größeren Zuwendungen (Dienstfahrzeug, Gehalt, Urlaub im Ferienhaus des Chefs ...) honoriert. Er erlebt sich dadurch als bedeutend, weist immer wieder auf seine „tolle Karriere" hin und glaubt, jemand Besonderes zu sein. Er redet viel, ist ein guter Geschichtenerzähler, aber auch ein gefürchteter Besserwisser und Nörgler im privaten Bereich. Seinen Geltungsanspruch trägt er auch in den Kreis seiner Freunde. Durch laute Prahlereien und die im Konzern gezeigte Großspurigkeit versucht er seine tief sitzende Minderwertigkeit zu verleugnen. Dann kommt „plötzlich und unerwartet" die Rente: Seine unbegrenzte Erfolgssucht hat keinen Gegenpol mehr, seine Selbstdarstellung wird zur Karikatur seiner selbst. „Ausgebrannt" sagt man dann ... in Wirklichkeit hat er sich von sich selbst in einem „falschen Leben" entfremdet.*

Gelingt der „Sprung in die Leistung" nicht, können Menschen mit solchen frühkindlichen Liebesdefiziten in die ewige Selbstabwertung verfallen: „Ich bin nicht okay – und alle anderen sind besser!" Klagen, Jammern, Stöhnen – vor allem aber auch das „Besser-Wissen" im Nachhinein kennzeichnet solche Personen. Stets fühlen sie sich übervorteilt, trauen sich (trotz durchaus vorhandener Kompetenz) nichts zu, stehen gern in der „zweiten Reihe“ und meiden das offene Feld der Auseinandersetzung und Anerkennung bzw. des „Gesehen-Werdens“. Sie geben sich bescheiden, sind voller Zweifel und Misstrauen – sehnen sich aber insgeheim nach Liebe und Anerkennung. Ihr Panzer der Selbstabwertung lässt das aber nicht zu!

*Auch hierzu eine stark holzschnittartige Biographie: Erika Sch. wächst „nebenher“ bei ihrer Tante auf; ihre Mutter konnte/wollte sich nicht um sie kümmern. Das begabte Mädchen fällt in der Schule durch gute Leistungen auf; sie wird später Lehrerin. Sie hat Schwierigkeiten mit Jungen; nur wo sie sich „ganz klein macht“, gibt sie ebenfalls sehr unsicheren Männern das Gefühl „über ihr zu stehen“. Ständig provoziert sie durch ihre „Hilferufe“ Zuwendung und meint, es sei Liebe. Erfährt sie wirklich Anerkennung (z.B. durch die Eltern der Kinder), sagt sie: „Das ist doch meine Pflicht ... Das hätte jeder getan ... Das ist doch selbstverständlich ...!“ Es fällt ihr schwer, sich in ihrem Kollegium darzustellen, sich fröhlich in eine Feier einzulassen, stets hat sie einen bissigen Unterton. Sie verträgt nicht, was sie sich am meisten wünscht: Zuspruch und Anerkennung. Auch hier wirkt das „uralte“ Kindheitsprogramm: „Ich bin nicht geliebt – gleich, was ich tue. Vor einer Bindung habe ich Angst, weil sie ja doch wieder zerbricht ...“ Erikas zwei Ehen werden aufgelöst – sie hat keine Kinder. Auch hier droht der seelische, vorzeitige „Tod“ mit der Pensionierung!*

Diese Menschen leiden schwer an ihrer lieblosen Kindheit – und mit ihnen oft auch ihre Partner und Kinder! Was man so sehr herbeisehnt, wird vermieden, weil die Sorge dahinter steht, es wieder zu verlieren! Man muss sich vor dem schützen, was in der Kindheit so schmerzbesetzt war. Wenn man seine frühen seelischen Verletzungen nicht aufgearbeitet hat, kann kein wirkliches Lebensglück entstehen. Ja, man muss die alten „schlechten“ Erfahrungen benennen und sich dem Schmerz des bisherigen Mangels an Liebe stellen, um Befriedigung, Wohlbefinden, Lust und Glück erleben zu können. Liebe ist zu jeder Zeit möglich. Wer liebt, dem gelingt das Leben.

Auch und gerade ältere Menschen können sich in einem Erkenntnis-Prozess dieser Aufgabe stellen. Unsere Anlagen bringen wir mit – aber unser Ich müssen wir selbst gestalten. Unser Leben ist unsere Aufgabe.

**Selbstüberwindung**

Kinder schaffen es im Allgemeinen zwischen dem 7. und 12. Lebensjahr ihre Selbstbezogenheit zu überwinden: Sie können dann andere Menschen in deren Erleben und Empfinden zur Kenntnis nehmen und beziehen nicht mehr alles auf sich. Weiterhin sind sie erst dann dazu fähig, ihre Egozentrik zu überwinden und einen allgemeinen Perspektivwechsel vorzunehmen. In unserer sehr auf das Individuum ausgerichteten Gesellschaft kommen allerdings häufiger „Egomanen“ an die Spitze von Organisationen. Das sind solche Menschen, die es immer wieder schaffen, sich selbst und ihre wirkliche oder angebliche Tüchtigkeit in Szene zu setzen, und die sich damit in einer oft peinlichen Selbstsucht und Eigenliebe ständig in den Mittelpunkt spielen. Dieser krankhafte Egoismus von manchen „Machern“ wird genährt aus den Quellen Gier und Rücksichtslosigkeit und blockiert letztlich vernünftige Austauschbeziehungen. Sie sind keine „Team-Player“. In ihrem auf Eigennutz gepolten Leben haben diese Ichmenschen kein vernünftiges Verhältnis zur Gemeinschaft! * Wirkliche Freunde haben sie auch selten.

Alle Menschen haben das Bedürfnis, beachtet, zumindest zur Kenntnis genommen zu werden; sie wollen ein „Echo“ auf ihr Dasein spüren. Und schließlich möchten sie Kontrolle über ihr eigenes Leben bewahren und damit auch die Wirkungen ihres Verhaltens wahrnehmen. Ein wesentliches Bemühen aller Menschen ist weiterhin, mit anderen, ihnen wichtigen Menschen gut zu recht zu kommen. Dazu gehören zwischenmenschliche Merkmale wie wechselseitiger Respekt, gegenseitige Wertschätzung, ein Mindestmaß an Offenheit und die Bereitschaft, andere Menschen „ins richtige Licht“ zu stellen. Das bedeutet vor allem, sich in vielen Situationen zurückzunehmen. Um es vorweg zu sagen: Es geht nicht darum, sich „graumäusig“ in den Hintergrund zu spielen und vor lauter „Bescheidenheit“ nicht einmal seine wesentlichen Bedürfnisse zu befriedigen; es geht darum, den Anderen gut aussehen zu lassen u n d sich selbst gut darzustellen. Dazu sind aber einige grundsätzliche Haltungen und Verhaltensweisen zu verwirklichen.

Wenn wir uns unserer selbst bewusst werden wollen, müssen wir die Fähigkeit kultivieren, zu uns selbst auf Distanz gehen zu können. Das bedeutet (wie oben bei dem Kinderbeispiel angedeutet), dass wir lernen, unser Lebenskonzept bzw. Handeln mit den Augen anderer Personen zu sehen („Wie hätte wohl ein anderer Mensch unter meinen Bedingungen sein Leben gestaltet?") und bereit sind, das Gedankenexperiment einzugehen, sich sein Leben mit anderen Überzeugungen und Wertvorstellungen zu denken („Wenn ich ein afrikanischer Flüchtling wäre ..., wie würde ich wohl empfinden?"). Diese Dezentrierung bedeutet, dass man zu sich einen gedachten, selbstkritischen Abstand schaffen kann, um sich „besser" sehen und verstehen zu können. Es ist ein wesentliches Kriterium für Weisheit, einen Perspektivwechsel zu leisten. Dies ist besonders wichtig für sogenannte Führungspersönlichkeiten, die es gewohnt sind, in ihrer „Chefrolle" zu entscheiden und möglicherweise auch zu bestimmen oder gar anzuordnen. Auch Personen, die in ihrer Rolle „Macht" besitzen (Lehrer, Psychotherapeuten, Ärzte, Prediger, Verwaltungsbeamte ...) sind gut beraten, sich immer wieder mal die gedankliche Mühe zu machen (es i s t ein Bemühen!), empfindsam in die mögliche Situation der Abhängigen zu schlüpfen. Gut ausgebildete Menschen (Abitur und entsprechende Berufsbildung) haben eher den Eindruck, „Meister ihres Schicksals" zu sein (Kontrollüberzeugung) – also auch eine gute Kontrolle über ihr Leben zu haben; Männer mehr als Frauen. ** Damit verbinden sie oft das angebliche „Recht", anderen Menschen sagen zu können oder zu sollen, was richtig ist! Und das oft über Jahrzehnte hinweg. ABER: Feste Überzeugungen und betonierte Theorien müssen von Zeit zu Zeit philosophisch reflektiert werden, damit sie nicht durch mangelnde Differenziertheit zu blockierenden Mythenbildungen verkommen. Nur durch Dezentrierung können geistig fixierte Erbhöfe infrage gestellt und Omnipotenzansprüche relativiert werden.

Ein zweites Momentum für die Überwindung der Selbstverliebtheit besteht darin, andere Menschen gut aussehen zu lassen und ihnen Erfolge zu ermöglichen und zu gönnen: ihnen zu helfen, Erfolgserlebnisse zu haben, die auch ich für mich hätte haben können – aber ich bleibe bewusst im Hintergrund, um z.B. einem jungen Mitarbeiter oder einer neuen Kollegin den Erfolg zu ermöglichen. Diese „Bescheidenheit" wird im Allgemeinen mit Dankbarkeit „belohnt" – und sie ist ein Kriterium für eine gute Beziehung. Selbst in einer „alten" Ehe ist es bedeutsam, den Partner immer wieder gut aussehen zu lassen und ihn n i c h t – vor allem wenn andere Menschen dabei sind – niederzumachen! Die Betonung der Stärken und besonderen Fähigkeiten eines anderen Menschen, ohne dass man seine „Schwächen“ übersieht, sind ein Schlüssel für gutes Zusammenleben. Mir scheint das ein wesentlicher Punkt zu sein, wenn man darüber nachdenkt, wie „das Leben“ und das Zusammenleben besser gelingen kann: sich als intelligenter oder einfühlsamer Mensch der eigenen Bedingtheiten und Wünsche auch einmal – oder immer häufiger – zu entreißen/entäußern und die anderen Möglichkeiten und Wahrscheinlichkeiten zu denken und ernst zu nehmen. Es gibt eine „Welt da draußen“, die nicht ständig etwas mit der eigenen Innenschau zu tun haben muss. Das Ich kann auch zur Sucht werden! Die Erweiterung des eigenen Horizonts gelingt nicht in der Selbstbezogenheit. Je besser ich eine „Fremdsprache“ (hier im übertragenen Sinn) verstehe, umso leichter fällt es mir, andere Gewohnheiten (auch eines anderen Volkes) zu erkennen und zu verstehen. Und: In und aus der Fremde erkennen wir oft am besten, wie es um uns „daheim“ bestellt ist!

Dies gilt – ganz praktisch – auch für Konfliktsituationen: Wenn es mir gelingt, mich in einer schwierigen Situation nicht von negativen Gedanken überschwemmen zu lassen, sondern einen gewissen „Arbeitsabstand“ zu meinem Problem zu halten, kann ich besser erkennen, was wirklich wichtig und was eher unwichtig ist. Distanz schafft Übersicht! Im Sinne einer zeitlichen „Perspektivbetrachtung“ ist es möglich zu lächeln, wenn man sich fragt: „Wie werde ich die heutige Situation wohl in drei oder fünf Jahren sehen?“ Oder: „Wie würde wohl ein Mensch in einem Flüchtlingslager diese meine Lage bewerten?“ In der Betreuung von Schwerstverletzten oder seelisch traumatisierten Patienten ist es hilfreich, mit den Belasteten und Geschädigten mitzu*fühlen*, aber nicht mitzu*leiden*. Das geschieht u.a. dadurch, dass man sich – gedanklich – sagt: „Das ist schlimm, was da geschehen ist – aber es ist *sein*, nicht *mein* Problem!“

Es sind viele Gelegenheiten, in denen wir „Selbstüberwindung“ trainieren und einüben können. Es gibt Menschen, die haben panische Angst vor einer Spritze bei einem Zahnarzt oder bei der Blutentnahme. Kleinste Missempfindungen werden sofort als „Riesenschmerz“ betrachtet und mit aufmerksamkeitserheischender Gebärde der Umwelt mitgeteilt. Muss denn immer das Leid, das einem widerfuhr, an alle öffentlich mitgeteilt werden? Oder man ist in der U-Bahn bestohlen worden, hat sich beim Skifahren den Fuß verstaucht oder muss unter Zeitnot eine Aufgabe erledigen ... Zuweilen sind „kleine Schmerzen" auszuhalten, um größere zu vermeiden. Das sind – zugegeben – keine besonders erfreulichen Bedingungen, aber sie gehören zum alltäglichen Leben und es sind Dinge, die letztlich jedem Menschen passieren können. (Oft sind es ja auch „nur" Folgen von Unachtsamkeit, schlechter Vorbereitung oder Planung ...!). Es ist ein Aspekt der Lebensweisheit, Dinge, die man im Moment nicht ändern kann, klaglos und konstruktiv anzugehen. Und daraus zu lernen. Es bedarf einer gewissen geistigen Disziplin, nicht ständig zu lamentieren und durch Larmoyanz die Aufmerksamkeit auf sich zu ziehen. Sich auch unangenehmen Situationen zu stellen (eine schwierige Auseinandersetzung zu führen, die Steuererklärung zu erledigen, eine Beschwerde vorzubringen ...) und sie rechtzeitig mit Anstand hinter sich zu bringen, ist ein Zeichen von Souveränität. Möglicherweise sind auch alle Ängste u.a. durch mehr Disziplin und Sachkenntnis zu bewältigen; dazu kann auch eine Höhen- oder Seekrankheit gehören. Ganz sicher ist die Bequemlichkeit eine permanente Quelle von Unzufriedenheit und der Neigung, andere Menschen eher schlecht zu machen! Denn oft übertragen Menschen die Ursachen für ihre schlechte Laune auf andere Menschen, die „Schuld" haben sollen!

Der wichtigste Grund für die Selbstüberwindung liegt wohl darin, dass jeder reife Mensch irgendwann für sich entschieden hat, dass er seinem Leben einen Sinn gibt, der jenseits des Wunsches nach Bedeutsamkeit und Wichtigkeit liegt. Ihr Lebens-Sinn liegt (nach V. Frankl) darin, das Leben als Aufgabe zu begreifen, die man mit Anstand und auch zum Wohle der Gemeinschaft erfüllen muss oder kann. Dabei spielen Titel, Stellung und Position eine untergeordnete bis keine Rolle: Würde, Weisheit und Spiritualität spielen eine wichtigere Rolle als Bedeutsamkeit, Reichtum und Status. Der Kern des moralischen Handelns ist es, die – berechtigten – Bedürfnisse eines anderen über die eigenen zu stellen. In diesem Sinn liegt die Lebensbedeutung darin, dass das „richtige Leben" und das „gute Handeln" (Begriffe aus dem Eudämonie-Verständnis bei Aristoteles) als Aufgaben-Erfüllung gesehen werden. Und das Erfüllen von

Aufgaben ist nicht zwangsläufig von negativen Gefühlen und Erfahrungen frei! „Glückssucher" denken nur an sich und i h r Glück! In der Sinnerfüllung überschreitet man egoistische Ich-Bedürfnisse – die praktizierte Generativität schafft oder erhält etwas von bleibendem Wert: Die eigenen Erfahrungen, das Wissen und Können aber auch das „Vermögen" (in einem weiten Sinn) und Handeln wird für die kommenden Generationen zur Verfügung gestellt. Dabei ist für den *lebensweisen* Menschen die Frage, ob das, was er tut, wirklich das ist, was er gern und mit gutem Gewissen tut, durch sein stimmiges Handeln (Kohärenz) beantwortet. „Er bereut nichts, er hat vorher nachgedacht" – sagt eine Zen-Weisheit. Er wird sich zuweilen fragen (lassen), was es für ihn bedeutet, seine Werte im Denken, Verhalten und Erleben wirklich zu „leben" – und nicht durch die von außen an ihn herangetragenen Wünsche und Forderungen „gelebt" zu werden!? Dazu gehört wohl heute auch – bei den vielen Möglichkeiten – immer wieder die Entscheidung, was man eben n i c h t tun will! Es kann wohl eine Aufgabe der älteren Generation sein, mit Bescheidenheit und Maßhalten die Sorge um den Bestand der Kultur zu kultivieren und immer mal wieder zur Sprache zu bringen. Die Anerkennung von etwas, was über das Selbst hinausgeht, was bedeutsamer als das „kleine" Ich ist und was auch nach meiner Existenz weiter besteht, hat einen spirituellen Charakter.

Gerade der weisere Mensch lernt, die Werke der anderen Menschen und auch ihre Eigenarten zu respektieren, vielleicht zu bewundern oder gar zu lieben – mehr als sich selbst. Dabei kann man in wunderbarer Weise den Augenblick ohne Schuldgefühle und eins mit sich selbst genießen – und in solch einem Zustand möglicherweise auch einen Moment lang die Aufhebung der Zeit erfahren. Ob das die berühmte „Weisheit der Liebe" ist?

* Ursachen für dieses permanente Anerkennungsbedürfnis – den Narzissmus – liegen in der Kindheit: Wahrscheinlich haben solche Kinder nur Aufmerksamkeit und Zuwendung bekommen, wenn sie etwas geleistet haben oder wenn sie durch besondere Verhaltensweisen aufgefallen waren. Und: Sie haben von früh auf keine Korrektur für ihr rücksichtsloses Verhalten erfahren.

** Nach K. Kortmannn in PH, 3/14S. 11 – nach Forschungen von Jule Specht Typische Beispiele für selbstbezogene Handlungen/Äußerungen:

- „Ich habe überhaupt kein Verständnis dafür, dass jemand dazu etwas Anderes denkt!“
- Ein Vorgesetzter informiert seinen Vertreter nicht von einer entscheidenden Änderung ...
- „Ich sage meinen Abteilungsleitern ...“
- „In meinem Institut wird nichts ohne meinen Namen publiziert!“
- „Es ist ausschließlich mein Verdienst, dass die Firma heute so gut dasteht!“

Typische Beispiele für „bescheidenes“ und weises Handeln und Kommunizieren:

- „So etwas kann nur gelingen, wenn alle zusammen ...“
- „Mich interessieren ihre Beweggründe ... Da können wir sicherlich beide voneinander lernen.“
- „Ich freue mich riesig über den Erfolg meiner jungen Kollegin ...“
- „Es ist mir ein Bedürfnis, allen Beteiligten Dank zu sagen.“

Trotz einer gewissen Angst vor der Spritze, zwingt man sich zu einem ruhigen Atmen und bewertet den Einstich als Weg zur Gesundheit.

Man schweigt, wenn ein anderer meint, seine besonderen Kenntnisse, Verdienste oder Erfahrungen herausstellen zu müssen.

Man stellt einem Gesprächspartner echte Fragen, ohne ihm die eigene Lebensgeschichte aufzudrängen.

**Es sind die kleinen Dinge ...**

... die uns zuweilen im Alltag „um den Verstand“ bringen: der verlorene Schlüssel, das zur völlig falschen Zeit gerissene oder verknotete Schnürband (wann aber ist denn die „richtige“ Zeit dafür?), die verlegte Brille, der entfallene Namen, die vergessene versprochene Verpflichtung, der Fleck auf dem Kleid, die körperliche Einschränkung und – immer wieder – das Wetter.

Vor allem, wenn wir in wirklicher oder scheinbarer Zeitnot sind, fallen uns solche kleinen Missgeschicke wie schwere Steine auf die Füße. Wenn dann noch andere Menschen die kleinen Schwächen mitbekommen – und sich über den Pechvogel lustig machen, ist die mittelprächtige Katastrophe perfekt. Die allgemeine und völlig unkluge Reaktion auf solche Ereignisse ist, dass man sich ärgert, dass man ungeduldig und missmutig wird. Den wenigsten Menschen gelingt es in solchen Situationen, ein Mindestmaß an Gelassenheit und Humor zu praktizieren.

Wenn wir uns ärgern, ist es nur folgerichtig, dass wir uns auch darüber ärgern, d a s s wir uns ärgern! Lehrt uns nicht ein asiatisches Sprichwort, dass man gerade dann, wenn man es eilig hat, einen Umweg gehen soll? Ist nicht jeder Lebensgenuss an die Zeit des Dauerns gebunden? Sollten nicht auch die kleinen Augenblicke des Tages ihre Bedeutung für uns haben? Also lernen wir doch aus den kleinen „Grimmigkeiten“, die wir so gern beklagen: Jeder kleine Schaden – wie jede Kritik – kann mir helfen, mich in Ruhe und Gelassenheit darauf zu besinnen, was wirklich wichtig ist. Wir wissen das alles – aber unser vieles Wissen hindert uns oft daran, angemessen und weiterführend zu handeln.

Ein Nachbar hat uns vielleicht nicht gegrüßt, im Fahrstuhl rempelt mich ein Mensch von hinten an, eine Verkäuferin ist schlecht gelaunt und unhöflich; eine Kollegin hat irgendetwas über mich erzählt, was so nicht stimmt; der Sohn hat sich wieder nicht aus New York gemeldet, und der Hund hat mich heute Abend nicht freudig begrüßt ... Wie kommt es, dass solch vergleichsweise „kleinen Ereignisse“ uns stimmungsmäßig aus der Bahn werfen können?

Oft stoßen die Gedanken, die wir uns dazu machen, andere, negative Gedanken an – und irgendwie kommen wir zu der völlig unsinnigen Überzeugung, dass „alle anderen ziemlich doof sind", oder aber, dass „ich nichts tauge"! In der süß-klebrigen Soße des Selbstmitleids verharren wir dann einige Stunden (manchmal Tage!) in der Hoffnung, nun endlich von einer halbgottähnlichen Person erlöst zu werden. Aber wer hat schon Lust, mit einem depressiven Mann, einer völlig verstimmten Frau oder Freundin die Zeit zu verbringen? Sind wir denn unseres Nächsten Therapeuten?

Die Kränkungen, die wir uns zuziehen, haben ihre Ursachen meist in unseren Gedanken. Völlig überzogene Erwartungen an unsere Umwelt oder an uns selbst sind daran genauso „schuld" wie die Unfähigkeit, sich aus dem Mittelpunkt der Welt zu nehmen. Es ist eine Grundlage der Lebensweisheit, über sich selbst hinaus zu denken. Dinge geschehen, die wir nicht vorhersehen konnten; Menschen verhalten sich nicht so, wie wir uns das wünschten; das Wetter für diesen Tag ist nicht so, wie wir es gern hätten ... Ja, auch andere Menschen haben ihre Schwächen, ihre Launen, ihre Empfindsamkeiten. Ihre Grobheiten oder ihre mangelnde Sensibilität haben Gründe: Sie sind nicht unbedingt auf unserer Wellenlänge, haben kein Gespür für die Situation und können oder wollen sich nicht mit den möglichen Folgen ihres Verhaltens befassen. Vor allem: Sie meinen es gar nicht so, wie wir es vielleicht – übersensibel – verstehen. Es ist zwar ein kaum diskutiertes „Gesetz" der Kommunikation, dass es nicht bedeutend ist, wie wir etwas gemeint haben, sondern dass es immer darauf ankommt, wie es ankommt! In vielen (oft auch beruflichen) Situationen sollte man nicht die Goldwaage für jeden Satz oder Gedanken bemühen – es geht schließlich immer auch um „die Sache", um den Auftrag, das Ziel – und das setzt zuweilen auch die Bereitschaft voraus, n i c h t jede Nuance in der Betonung als gegen sich gerichtet zu interpretieren. Es zeugt von kluger Souveränität, sich zuweilen zu wundern und zu lächeln. Wer einem anderen (geliebten?) Menschen gleich unterstellt, er wolle ihm nur am Zeuge flicken, sabotiert die Beziehung. Es macht keinen Sinn, überempfindlich und extrem sensibel immer nur oder vor allem auf die eigene, so leicht gestörte Verletzlichkeit zu horchen. Die Welt der Menschen ist in den allermeisten Fällen kein Rosengarten!

Da wir nie wirklich in der Wirklichkeit des Anderen sind, können wir auch nicht wissen, was er wirklich gemeint hat, und aus dem Wie seiner Worte oder seines Handelns schließen, dass er mich kränken will. Jede vorschnelle und vielleicht auch noch geäußerte Interpretation führt zu einer Abwehr, denn meistens liegt man falsch – und wenn es doch mal stimmt, hat der „Überführte" große Schwierigkeiten, seine entlarvten Motive zuzugeben.

Ja, manche Menschen sind entweder zu empfindlich (nicht zu empfindsam) für „diese Welt", oder es fehlt ihnen an der notwendigen Gelassenheit, das „Unperfekte" trotzdem als schön zu erleben. Wir Menschen sind gerade durch unsere Unvollkommenheit als Persönlichkeiten sympathisch und liebenswert. Die Überbetonung von Jugendlichkeit, Schönheit, Äußerlichkeiten, Wohlstand oder „Glanz" in jeder Form wertet zugleich alles ab, was nicht so ist, wie es idealerweise sein könnte! Einschließlich seiner selbst. Wer das verstehen kann, wird auch eher verzeihen können. Wer einen tiefen Einblick in die Biographie eines anderen Menschen getan hat, versteht mehr, warum er sich so und nicht anders verhält. Verhalten ist in ganz vielen Fällen auch ein „Notschrei", ein Hilferuf an die Umgebung. Wissen wir eigentlich, dass wir das Allermeiste selbst von uns nahe stehenden Menschen n i c h t wissen? Es ist aber das „verstehende Wissen", welches wir als Weisheit bezeichnen. Insofern sind es die kleinen Störungen unserer Idealvorstellungen, die uns tagtäglich neben einer möglichen Erklärung (Intelligenz) auch das Verstehen und Hinnehmen lehren. Darin eingeschlossen sind die Überzeugungen, dass wir nicht alles verstehen können und müssen und auch nicht alles verstehen werden. Etwas oder jemanden so zu lassen, wie es oder er ist, ist auch eine reife Form der Gelassenheit, stellt eine höhere Seinsstufe dar. Wiederum dürfen wir uns einschließen – auch wir sind nicht immer und zu jeder Zeit so, wie wir es uns wünschen. Dies zu verstehen, ist eine völlig andere Haltung als jene Ärgerreaktion, wie sie oben beschrieben wurde.

Wie der gerissene Schnürsenkel im Moment ärgerlich sein kann, so ist der Umgang mit dieser „Katastrophe" ein Zeichen für die Verfassung des Schuhträgers: Die moderne Technologie könnte Schürsenkel herstellen, die nicht mehr reißen – sie tut es aber nicht, weil dann keine neuen Senkel mehr verkauft werden könnten. Dem Weisen ist das kein Malheur, sondern eine Möglichkeit, sich auf das wirklich Wichtige zu besinnen: „Wie gehe ich mit meiner Freiheit um, auf dieses Phänomen zu reagieren?“ Und: „Was ist das Ziel meines Lebens – trotz oder gerade wegen dieses Ereignisses?“ Klingt irgendwie seltsam – oder? Der „Zweckpragmatismus“ moderner Technik (unkaputtbare Schnürsenkel herzustellen) führt zunehmend zu einem Verlust der Kreativität und zu einer Minimierung der Gelegenheit, sich selbst in Richtung „Lebensweisheit“ zu entwickeln. Die Welt, in der wir leben, ist voller Unzulänglichkeiten – wir sind es auch –, und es wäre gut, wenn wir wieder mehr Zutrauen dazu hätten/bekämen, unsere (Lebens-)Ziele selber zu benennen und zu erreichen. Wie wir beim Bogenschießen das Ziel verfehlen können, wäre es eine „Sünde“ (das bedeutet das Ziel verfehlen), die uns sich bietenden Möglichkeiten zu mehr Reife nicht zu nutzen: Die kleinen Pannen des Alltags stellen die großen Herausforderungen dar. Ärger ist und macht dumm!

**Dunkelzeiten**

*Was ich*
*– fast am Ende –*
*noch werden will?*
*Ein wenig weise.*
*In Gelassenheit das Gold*
*vom Glimmer trennen,*
*den langen Weg der Erkenntnis*
*finden*
*und mich im Nebel der Zeit*
*verlieren.*

Es gab sie, es gibt sie, und es wird sie geben: Phasen, in denen einem die Welt grau vorkommt. Situationen, die unerträglich erscheinen. Zeiten, in denen man schwer tragen muss. Verluste, die uns das Weiterleben wie sinnlos vorkommen lassen.

Aber da sind auch die Erinnerungen: an das überwundene, nicht aber vergessene Leid; an höchst schwierige Situationen zum Beispiel im Beruf; an finanzielle Engpässe oder gar an Notzeiten ... Da haben wir „Verletzungen" davongetragen, waren krank oder nur furchtbar traurig und vielleicht beschämt ... Schwere Erschütterungen haben uns möglicherweise fast um den Verstand gebracht; der Boden war uns unter den Füßen weggebrochen ... Wir haben Niederlagen erlitten, haben Schmerzen ertragen und sind an unserem Unvermögen zeitweilig gescheitert. Manche Menschen sind gefoltert worden, haben ihre Habe, ihre Heimat verloren; andere sind ins Ausland geflohen, leben als Flüchtlinge im fremden Land.

Geht es uns gut, nehmen wir es oft als selbstverständlich. Erst wenn etwas „stört", nicht „funktioniert" ... fangen wir an, darüber nachzudenken. Aber im Grau des Missbehagens ist weder völlige Dunkelheit (die wir fürchten) noch ist da das Licht (das wir suchen). Wir fühlen uns nicht gut, sind verletzt. Ohne Freude und Hoffnung, verlassen und gekränkt, enttäuscht und vielleicht gedemütigt … Wir wissen nicht weiter, hängen – bleischwer – fest, spüren keinen Boden mehr unter den Füßen … Wir können „üble Gedanken" nicht wirklich loslassen. Oder wir fühlen uns allein und einsam, nicht geliebt. Wir ziehen uns im Leid zurück. („Jeder von uns ist sein eigener Gefangener. Wir sind in unserer eigenen Geschichte eingeschlossen", Maxine Kumin).

Irgendwie haben wir solche Situationen mehr oder weniger gut bewältigt und wissen oft gar nicht wie. Und wir bewundern Menschen, die ihr schweres Schicksal mutig annehmen und tragen. Zuweilen leiden wir aber auch ein ganzes Leben an den Ereignissen, die uns bereits vor Jahren widerfahren sind. Wer viel erlebt und Schlimmes überstanden hat, spricht meist nicht davon. Wer nichts wirklich Wichtiges erfahren hat, spricht dagegen ständig davon. Wenn wir auf ein Leben schauen, staunen wir oft, wie sehr sowohl Leid das Leben vorübergehend grau, als auch Freuden das Leben farbig gemacht haben. Es gibt eine Harmonie der Gegensätze: Wir glauben oft, dass das Gute das Böse „besiegen" oder beseitigen muss – aber insgeheim wissen wir, dass stets beides nebeneinander besteht und bestehen wird.

Zwei Fragen stellen sich mir immer wieder: Was lernen wir aus unserer persönlichen Geschichte? Und: Wie können wir unsere Erfahrungen nutzen, um das zukünftige Leben (und vielleicht auch das Sterben) zu meistern? Die schlimmen Dinge, die wir uns vorstellen können, sind bereits geschehen … Was wird noch kommen? („Wir müssen uns nicht alles gefallen lassen – schon gar nicht von uns selber", V. Frankl).

Lassen wir uns gedanklich doch einmal auf unsere bisherigen Erfahrungen ein. Es geschieht uns etwas – ohne dass wir wirklich sagen können, inwieweit wir an dem Geschehen aktiv beteiligt waren, es also selbst provoziert haben. Nehmen wir eine größere Krankheit. Die „Früherkennungssignale" haben wir vielleicht nicht wahr- oder gar nicht ernstgenommen. Nach einer ersten Weigerung, das Krank-Sein zu akzeptieren, nehmen wir auf Empfehlung des Arztes und der Angehörigen die Rolle des Kranken, des Leidenden an … in der Hoffnung, ganz schnell wieder auf den Beinen zu sein. Normalerweise möchten Menschen nicht bettlägerig sein; sie wollen nicht leiden und von den Alltagsereignissen abgeschnitten sein. Aber sie spüren: die Kraft, die Lust zur Teilhabe fehlen – man quält sich durch den Tag oder die Nacht. Medizin, gutes Zureden, viel trinken ... man richtet sich ein, nimmt zögerlich die Rolle an. Gedanken bewegen uns, und wir spüren unseren Körper. Vielleicht haben uns Fieber oder Medikamente apathisch gemacht – was außen geschieht, bekommen wir nur wie durch einen Schleier mit. Wir befinden uns in einem anderen Zustand; spüren weder den Wunsch, am Leben teilzunehmen, noch wollen wir das, was uns hier geschieht, wirklich in Geduld ertragen. Zu stark sind wir durch die „Normalität", durch das „Leben da draußen", geprägt. Unsere Gedanken und Empfindungen oszillieren zwischen hier und dort – und wir machen uns vielleicht unnötige Gedanken darüber, ob sich denn die (berufliche) Welt nun auch wirklich ohne uns weiterdreht! Dieses Leiden ist ohne Tun. Wir fühlen uns in einem solchen Zustand ohnmächtig und ohne Ort, ohne Aufgabe ..., weil wir den Patienten in uns nicht gewohnt sind. Wir wollen nicht erdulden, was erduldet werden muss.

Nur langsam lernen wir im „Ertragen des Unerträglichen" den großen Trost der Lebensweisheit in den Worten: „Auch das wird vorüber gehen!" Gerade im Aushalten, im Vertrauen auf den Wandel gelingt es uns zuweilen, über den Tellerrand des augenblicklichen Geschehens zu blicken; denn der Weg der Weisheit führt nun einmal auch über die Felsen *Zweifel* und die Sümpfe *Kummer*! Die Lebenserfahrung lehrt uns, dass wir eine hohe Toleranz gegenüber jeglicher Ungewissheit haben müssen und dass wir das Imperfekte in allem annehmen müssen ... Ja, der Mensch ist durch die „Imperfektibilität", der Unfähigkeit zur Vervollkommnung gekennzeichnet! Der Mensch als unvollkommenes Kunstwerk ...!

Oft habe ich Patienten und Kursteilnehmer gebeten, ihr Leben graphisch darzustellen. Die meisten beginnen mit einem Zeitstrahl, der sich über und unter einer gedachten „Nulllinie" erstreckt. In Abständen werden Ereignisse zugeordnet – aber sie spüren im Nachsinnen über die Zeit der Krisen, wie sich die Zeit und Bedeutung der Ereignisse (im Nachhinein) verändern. Die gerade Linie wellt sich, schlägt aus, bildet Zacken, steigt, fällt – und zuweilen formt sie sich zu einem Kreis: Hier vollzieht oder vollzog sich lebendiges Leben. Um an den Erlebnisgehalt dieser schwierigen Perioden heranzukommen (welchen Sinn das hat, wird weiter unten dargestellt), lasse ich diesen Phasen Lieder, Gedichte, manchmal Filme oder Romane zuordnen: „Welches Bild entsteht da von Ihnen? Wie würde eine Dichterin Ihre damalige Situation sehen? Gibt es eine Melodie, die diese Lebensphase besonders charakterisieren könnte? Welches Instrument hatte damals eine gewisse Dominanz? ..."

Aus solchen überstandenen Zeiten wachsen einem Gewissheiten zu: Man kann sich meist darauf verlassen, dass man in solch verzweifelten Situationen Fähigkeiten entwickelt, von denen man vorher meist keine Ahnung hatte. (Das berühmte Lichtlein, das einem plötzlich in der Dunkelheit erscheint). Und es sind mit einmal Menschen da, die einem zur Seite stehen, wenn man sich ihnen öffnet. Auch das ist eine tröstliche Erkenntnis in der Not: „Es kommt immer anders, als man denkt!" Wie wahr und wie tröstlich!

Schwierige Lebenssituationen sind meist komplexe Situationen: Viele Dinge, Zustände, Befürchtungen, Ängste und Wünsche sind miteinander verschränkt oder verwoben. Was bis dato als unerschütterlich galt, fängt an zu gleiten, zu schwimmen ... zu rutschen. Der feste Boden unter den Füßen geht verloren. Man verfügt weder über angeborene noch über erlernte Verhaltensweisen, die aus dem Dilemma herausführen. Man benötigt Rat. Man benötigt vor allem aber auch das Vertrauen in die eigenen Selbstheilungskräfte. In uns steckt die Fähigkeit, Schwierigkeiten auszuhalten und zu einem besseren Ende zu verwandeln; der Körper möchte gesund sein; wir möchten wieder lachen, das Licht erleben und den Gesang der Vögel oder Musik genießen ... Wenn wir akzeptieren, dass wir zwar im Moment nichts tun können, was uns wirklich – kurzfristig – hilft, so können wir doch unseren Kopf (Geist) dazu verwenden, wenigstens etwas zu denken, was jenseits des Krankseins oder der Erschütterung liegt. Das ist eine Aufgabe, die man trainieren kann – und sie gelingt besser, wenn wir uns auf die überstandenen Krisen besinnen. Dann wird uns unser Unterbewusstsein helfen, den Weg zu gehen, der aus dem Dunklen führt. Neben dem Hinnehmen, was ist, ist der „kleine Schritt", der getan werden kann, um das Leid zu überwinden, bedeutsam. Dazu ist es wichtig, die komplexe Situation in „Teilaspekte" zu zergliedern, damit überhaupt irgendeine

Handlung möglich ist. So kann ein Kranker darauf achten, dass er, wenn er stundenweise im Bett sitzen kann, angemessen gekleidet oder gekämmt ist. Ein Traumatisierter kann bei allem Leid trotzdem spazieren gehen oder seine Erlebnisse aufschreiben oder Sport treiben ... Wenn es dem Depressiven gelingt, sich Laufschuhe anzuziehen, um im Wald zu laufen ..., wird es ihm besser gehen. Nichtstun ist nur in wenigen Fällen (z.B. beim Eingeschlossensein ...) sinnvoll.

Mit Weisheit wird häufig nichts anderes als ein Verstehen und ein angemessenes Umgehen mit der Komplexität bezeichnet, die für unser menschliches Leben charakteristisch ist. Der Weise bekämpft sie nicht, noch vereinfacht er sie unangemessen. Er ist in der Lage, Komplexität auszuhalten, mit ihr entspannt umzugehen oder mit ihr kompetent zu leben – im Sinne dessen, was ihm und anderen Menschen gut tut. Es sind einige Schritte, die man gedanklich gehen kann: Zum einen kann man das, was einem da geschieht, „staunend", vielleicht auch erst einmal ungläubig betrachten: „Was geschieht da mit mir?" Sich in solch einer „Anfangsphase" eines längeren Prozesses zu erleben und sich darauf einzustellen, bedarf zuweilen der Begleitung durch einen anderen vertrauten Menschen. Das muss nicht ein Arzt sein. Es sind unsere Gedanken, die diesen Zustand besser oder schlechter machen können! Denke ich: „Das ist ja fürchterlich ... Das darf nicht sein ...!", geht es mir anders, als wenn ich denke: „Jetzt hat es mich auch erwischt ... Jetzt ist es ganz anders, als ich dachte ...!" Die Rolle des (neutralen) Beobachters ist hier hilfreich: Ich werde meinen Verstand nicht durch ungute und unrealistische Gefühle überschwemmen lassen. Es gilt hier immer wieder die Vernunft ins Spiel zu bringen: „Was ist unter diesen Umständen jetzt für mich das Beste? Was kann ich tun – und was sollte ich jetzt lassen?" Diese Distanzierung zu sich selbst in einer schwierigen Situation ist nicht leicht – aber sie ist möglich. Und in diese ersten Überlegungen gehen Gedanken grundsätzlicher Art ein. Es macht einen Unterschied, ob ich mir in einem Selbstgespräch sage: „Das darf nicht sein! Das ist ja furchtbar!" Oder ob ich formuliere: „ Okay, jetzt ist eingetreten, was ich zwar nicht wollte – aber es lag ja durchaus im Bereich der Möglichkeiten ...". Oder: „Himmel, es kommt zwar zur völlig falschen Zeit – aber eine richtige Zeit für Katastrophen gibt es sowieso nicht ...!"

Es ist ein weit verbreiteter Irrglaube, dass man immer nur „positiv denken“ soll, um das Schicksal zu meistern! Es ist vernünftig, neben der Hoffnung auf ein erfolgreiches „Weiter so“ eben auch das vorsichtige „Es könnte auch schiefgehen“ zu denken und einen Plan B in der Hinterhand zu haben. (Vor allem, wenn andere Menschen an einem Projekt beteiligt sind, kann es immer zu Unwägbarkeiten kommen). Weiterhin sollten wir weder glauben, noch uns so verhalten, als hinge „die Welt“ (die Firma, die Familie ...) nur von uns ganz allein ab. (Ja, eine alleinerziehende, berufstätige Mutter mit zwei Kindern hat eine hohe Verantwortung für ihre Kinder – aber auch sie ist gut beraten, im Notfall einen personalen „Notdienst“ zur Verfügung zu haben, um die Kleinen aufzufangen).

In einem zweiten Schritt sollte man den Versuch unternehmen, die Krise wirklich als „Lern-Chance“ zu sehen. Die Frage: „Was will mir mein Körper bzw. die Situation jetzt sagen?“, kann neben den Ursachen für die Erschütterung eben auch sinnvolle Maßnahmen zur Überwindung kreieren. Wie bei asiatischen Kampfsportarten wird die „Gewalt des Geschehens“ weich aufgenommen, man weicht etwas aus und nutzt die „Kraft des Gegners“ für die elegante Antwort. Im Falle eines Unfalls könnte das zum Beispiel bedeuten, dass man jetzt die Zeit der Rekonvaleszenz dafür nutzt, sich generell mit dem Thema der eigenen Gesundheit und Gesunderhaltung zu beschäftigen. Man kann auch (als Vorgesetzter) mit kleinen Hilfestellungen seinen Vertreter gut in Szene setzen; ihm Möglichkeiten der Bewährung einräumen ... Man kann lesen, Briefe schreiben, Besuche empfangen ... Der bis dahin im „Hamsterrad der Aktivitäten“ rennende Rentner kann zur Ruhe oder zur Besinnung kommen. Es wäre eine Zeit, etwas über sein bisheriges und über das zukünftige Leben nachzusinnen: Wesentliches zu erkennen, sich zu fragen, ob man wirklich so lebt, wie man leben möchte. Und zu klären, ob man nicht seine Einstellung zu vielen Dingen verändern sollte. Jetzt ganz die Heilung in den Mittelpunkt rücken – und die „großen Wünsche“ reduzieren: Ruhe der Sehnsucht – ein Beenden allen Begehrens. Reife. Würdige Überwindung allen Wollens. Dankbarkeit anderen Menschen gegenüber. Weisheit.

Jede Krise ist auch eine intellektuelle Herausforderung: Es geht darum, das Mögliche zu erkennen und das (noch) Unmögliche davon zu trennen. Es geht um einen Perspektivwechsel: Wie sehe ich das, was mir jetzt geschieht, vielleicht in drei oder fünf Jahren? Wie erleben andere, mir nahestehende Menschen, meine jetzige Situation? Weisheit ist auch die Kunst, seine „Mitte" zu finden: Es geht dabei nicht um eine laue „Mittelmäßigkeit", nicht darum, es jedem recht zu machen – sondern um das Gespür für das rechte Maß, für das Wesentliche, für das in dieser Situation Richtige oder Sinnvolle. Wenn wir zu eng denken, fällt uns nicht ein oder auf, dass es stets viele Möglichkeiten gibt. Im Buddhismus gibt es den klugen Satz (sinngemäß): „Von allen sogenannten Wahrheiten ist das Gegenteil auch richtig!" Deshalb kann es (sophistisch) klug sein, alles Irrationale dahin zu verbannen, wo nur noch das Gegenteil „wahr" ist!

In einem großen dritten Schritt wird die Krise durchlebt. In dieser Phase verändert man sich. Man lernt; man wird – wahrscheinlich – bescheidener; man „häutet sich"; man reift (Metamorphose).

Die Erkenntnisse können in der Folgezeit (vierter Schritt) in den neuen Lebensalltag eingespielt werden. Dabei ist die „Erfahrung der Ohnmacht" oder die Fähigkeit zum Aushalten und Geschehen-Lassen ein personaler Gewinn. Auch die Erfahrung, dass Heilung, Wachstum, Reifung ... Zeit benötigen, kann für viele (betriebliche/ wirtschaftliche) Prozesse hilfreich sein.

Im fünften Schritt der „Nachbetrachtung" (und die kann zu verschiedenen Zeitpunkten stattfinden) können die Lehren aus dem Geschehen gezogen und vielleicht sogar aufgeschrieben werden. Es macht Sinn, Notizen (Tagebuch?) anzufertigen, weil sich anhand dieser Aufzeichnungen sehr gut ein Reifungs- und Veränderungsprozess verdeutlichen lässt.

Nun geht nicht jede (Lebens-)Krise gut aus. Selbst in der Schlussphase eines Lebens kann es – auch für die Angehörigen – von Bedeutung sein, Erkenntnisse zu formulieren, Klarheiten herzustellen und das noch Ungesagte in Worte zu bringen. In und nach Krisenzeiten haben wir eine Chance, wesentlich oder auch ehrlich zu sein! Es ist eine praktische Weisheit, erkannt zu haben, welche

Entscheidungen im Leben wirklich zählen, und auf was man alles verzichten kann, ohne das Wesentliche zu beschneiden.

Diese Gedanken klingen sehr „verkopft" – und das sind sie auch. Aber: Auch das Nicht-Kopflastige ist bedeutsam. Am intensivsten lebt man gerade dann, wenn man n i c h t viel nachdenkt – sondern das Leben in diesem Augenblick genießt.

Es soll aber gar nicht verleugnet werden, dass es Schicksalsschläge gibt, die Menschen „in die Knie" zwingen. Wer gefoltert und öffentlich gedemütigt wurde, wer schwere Schuld auf sich geladen hat (z.B. sein Kind aus Versehen überfahren und somit getötet hat), wer Freunde, Familienangehörige verraten oder bespitzelt hat, wer als Vertrauensperson Vertrauen gebrochen, wer als Erzieher Kinder missbraucht hat ... wird ewig an einer Bürde tragen – gleich ob dieser Mensch Opfer oder Täter war (oder gar beides!?). Schwerste Verletzungen, Amputationen, Lähmungen ... greifen tief in die Biographie eines Menschen ein – und niemand wird den Anspruch erheben, dass man solche Erlebnisse in der Form bewältigen kann, als wäre nichts geschehen. Ich habe viel von traumatisierten, schwer gekränkten und seelisch verletzten Menschen gelernt; habe in großem Respekt erlebt, wie sie ihre Bürde trugen. Nun wird es den meisten Menschen schwerfallen, mit offensichtlichen Straftätern Kontakt zu suchen oder zu halten. Ich denke aber auch, dass solchen Menschen unser Mitgefühl gehören kann. Wir können sie in ihrem Leid und in ihrer Schuld als Personen annehmen, vielleicht sogar in ihrem Handeln verstehen. Zuweilen können wir ihnen helfen, ohne dass wir sie verändern wollen, wenn es uns gelingt, Ihren Blick auch (wieder) auf schöne Seiten und Erfahrungen des Lebens zu lenken ... wenn unsere Gespräche dazu beitragen, über die Reue zur Buße zu finden ...? Nein, w i r müssen nicht urteilen!

Aber ich habe auch miterleben müssen, wie Menschen, die sich nicht nur gegen die Gesetze, sondern auch gegen jeden menschlichen Anstand verhalten haben, nach dem Öffentlichwerden ihrer „Schandtat" ungerührt und – wie es schien – in ihr altes Leben zurückkehrten; und das oft „erfolgreich".

Zuweilen zeigen auch frustrierte und menschenverachtende Verwaltungsfachleute eine herabwürdigende Haltung gerade den Menschen gegenüber, für die sie eigentlich zuständig sein sollten. Wer „Macht“ über andere Menschen hat und sie nicht angemessen handhabt, kann zu einer Qual und ständigen Provokation werden. Wer mutwillig und wiederholt Regeln bricht, stellt keinen guten Umgang für sensible Menschen dar ... Flegel und „Banausen“ sind schwer erträglich.

Wie geht man damit um? Am liebsten gar nicht. Trotzdem: Sie leben in unserer Gemeinschaft, zuweilen als Nachbarn oder gar als Familienangehörige. Oft gibt es keinen anderen Weg als sie „auszuhalten“. Man sollte ihnen dann möglichst wenige Verhaltensäußerungen gestatten. In keinem Fall aber sollte man diesen Personen die Macht einräumen, dass sie unser Befinden längerfristig beschädigen können.

Menschen sind unterschiedlich – und es gelingt auch Psychologen nicht immer, an die Beweggründe ihres Verhaltens heranzukommen. Es gibt für jedes Verhalten gute und wahre Gründe!

## Freundschaft

Auch wenn reife, kluge, vielleicht weise Menschen eher dazu neigen, den Kreis derer, mit denen sie regelmäßig Kontakt pflegen, klein zu halten, sind sie doch – wie alle anderen auch – auf Freunde angewiesen.

Es ist eine besondere Erfahrung – gerade in schwierigen Zeiten –, Freunde zu haben; Menschen, die einem nah stehen, die man gern hat und zu denen man sich in keiner Weise in Konkurrenz erlebt. Neben der Liebespartnerschaft ist Freundschaft wahrscheinlich (sieht man mal von der „Blutsbrüderschaft" ab!) d i e Lebensform von Menschen, die uns am wichtigsten ist. Freundschaften sind oft nicht konfliktfrei – manchmal „schlummern" sie jahrelang und zuweilen verflachen solche Beziehungen auch im Verlauf eines „normalen" Lebens.

Lassen Sie uns über Freundschaft nachdenken.

Wer sind meine Freunde? Wem bin ich Freund? Wem möchte ich Freund sein? Was ist überhaupt ein Freund? Ein Berufs-Kollege? Ein Sport-Kamerad? Ein Mit-Student? Ein Lebens- oder Geschäftspartner? Ein Geliebter, eine Geliebte? Ist der Partei-Freund Freund? Bin ich dem Bundes-Genossen verbunden? Ist die Bruderschaft Basis einer lebenslangen Freundschaft? Reift (oder welkt!?) der Bund der Liebesheirat in der Ehe zu einer Alters-Freundschaft? Nein, es gibt nicht d i e Freundschaft „auf den ersten Blick" – das kann einem nur bei der Liebe geschehen – eine Freundschaft will langsam wachsen, muss reifen ...

Freundschaft ist nicht Liebe – aber Liebe gibt es ohne Freundschaft nicht. Liebe will Nähe, sie ist die Kunst der Nähe, wie Freundschaft die Kunst des gemeinsamen Lebens in der Distanz ist. „Die Liebe will erwerben und besitzen, die Freundschaft opfert, doch sie fordert nicht" (Emanuel Geibel). Ob das heute noch so gesehen wird? Wenn wir über menschliche Beziehungen nachdenken, spüren wir alle als Betroffene, dass wir Schwierigkeiten haben, die Begriffe der vielfältigen Formen der Nähe klar voneinander zu trennen. So sehr ich glaube, dass der Mensch Freund sein will, so sehr bin ich aber zuerst davon überzeugt, dass er „Nähe" möchte: Zugehörigkeit und vertrauensvollen, ehrlichen, freundlichen Kontakt zu anderen Menschen. Freundschaftsmotivierte Menschen glauben an das Gute im Menschen; sie sind sensibel nicht nur für sich selber, sondern gerade auch für die Sorgen, Nöte und Bedürfnisse anderer. Sie nehmen sich aus dem Zentrum des Geschehens. Sie sehen und erleben den anderen und sehen und erleben sich aus deren Augen!

Freundschaft ist zuallererst ein tiefes Gefühl des Vertrauens, der Vertraulichkeit. Ist es nicht ein Gebot der Freundschaft zu teilen: die Zeit, das Erkennen, die Langeweile, das Geheimnis, das Glück, den Besitz, die Angst, die Freude und die Lust, die Hoffnung und das Leid, das Leben und den Tod? Die Freundschaft lebt vom ehrlichen Austausch: Wenn jemand in einer zwischenmenschlichen Beziehung ein wichtiges Thema unter den Teppich kehrt, wird auch ansonsten nicht über wirklich Wichtiges gesprochen; das wäre doch wohl keine Basis für eine Freundschaft. Insofern ist Freundschaft nicht nur ein unglaubliches Geschenk, sondern auch eine über die Zeit dauernde Aufgabe. Wir möchten Freunde haben – aber machen wir uns auch die Mühe, gute, verlässliche Freunde zu sein?

Wir feiern zusammen. Wir essen zusammen. Wir fühlen uns in das Leid des Freundes ein; wir „verständigen" uns nicht nur mit der Freundin: Wir v e r s t e h e n uns! Ein Freund rechnet nicht, er opfert sich auch nicht auf. Er tut, was zu tun ist, was dem Freund gut tut. Nicht mehr und nicht weniger. Nicht nur zuweilen, sondern immer! Er verletzt vielleicht Regeln – aber nicht den Freund! Ein Freund muss nicht neugierig sein; sein Schweigen ist manchmal eine Frage, zuweilen eine Zustimmung und selten ein Tadel! Der Freund weiß, was ihm der Freund sagen will. Trotzdem wartet er die Frage ab: „Wie geht's dir?" und hört ihm dann aufmerksam zu.

Neigen wir dazu, die Freundschaft zu glorifizieren? Ist es nicht auch ein Phänomen von Freundschaft, dass man sich, w e i l man sich immer besser kennen lernt, doch auch fremder wird? So, wie man erkennen muss, dass man immer weniger wirklich weiß, wenn man viel weiß! „Einander kennen lernen heißt lernen, wie fremd man einander ist" (Christian Morgenstern). Zeigen sich neben den Stärken und angenehmen Seiten des Menschen, dem man

Freund ist, nicht auch seine Tiefen und das letztlich Fremde? Die nahe Freundin/der Freund als Mysterium? Entsteht in einer jahrelangen Freundschaft nicht etwas Niedagewesenes? Bestehen Nähe und Distanz zur gleichen Zeit?

Freunde haben zum Teil eine gemeinsame Vergangenheit, leben in der Gegenwart und freuen sich auf die mögliche Zukunft. Sie bringen sich selbst in ihren Geschichten zur Sprache – und im Fortgang des Sprechens klärt sich auch der Sinn des eigenen Erlebens. So kann die Freundin/der Freund beim Reflektieren über das eigene Leben die Sinnigkeit des bisherigen Lebensgeschehens mitentwickeln. Freunde haben Vertrauen in ihre Beziehung, ohne irgendein Gefühl der Rivalität. Weit weg von der Funktionalität und Nützlichkeit sieht der „wahre Seelenfreund" seine Freunde. (Ja, es gibt wohl eine Rangfolge der Freunde – je nach der Fragestellung!) Man wächst in eine Freundschaft hinein – man kann sie nicht auswählen, wie man ein Kleid kauft, ausprobiert, trägt und wieder „ablegt"... Gute Freundschaften gründen darauf, dass sich die beteiligten Personen in der je eigenen Art wechselseitig etwas bedeuten, ja gefallen, dass sie sich mögen. Eine Freundschaft gelingt wohl dort am besten, wo ganz viel Individualität gelebt werden darf; wo man sich wechselseitig nichts vormachen oder vorspielen muss; wo jeder eigenverantwortlich zwischen mehreren Formen des Zusammenlebens mit Anderen wählen kann. Mit einem Freund/ einer Freundin zusammen sein – nur deswegen, weil es Freude macht, weil man sich hinterher reicher fühlt ... Durchaus auch erotische Trance im Geahnten, gerade im Verweigerten? Augentiefe, Muskelzittern, Atem anhalten, Warten ... Hoffen? Und doch alles in der Schwebe lassen: keine Begehrlichkeiten, nichts Lautes, Schrilles – nur Leichtigkeit bei aller auch möglichen Ernsthaftigkeit. Zugleich durchwebt uns etwas Trauriges – das vielleicht von Zuversicht angeleuchtet wird: so als würden wir einen guten Tango tanzen ... Wehmut, Stolz (?), Erotik, Ekstase und doch absolute Kontrolle ... Beständigkeit und Verbindlichkeit – unausgesprochene „Regeln" eines persönlichen Zusammenlebens und des (mit-)geteilten Selbstseins. Verbundenheit im Vertrauen stellt eine Macht dar, die zwischen Freunden entsteht und wirkt. Was da wie erlebt wird, lässt sich nicht wirklich in Worte fassen. Den Freund so zu nehmen, wie er sich gibt, ihn als „ganze Person" annehmen; ihm als Persönlichkeit vertrauen... das macht uns immun gegen Kleinigkeiten!

Eine Freundschaft ist nicht nur schön. Zwischen Freunden gibt es auch Verpflichtungen, z.B. wenn man sich um den andern kümmert und möchte, dass ihm Gutes geschieht. Ein gewisses Maß an „Aufwendungen“ zu tragen, ist „Freundes-Pflicht“!

Und: Geglückten, glückenden Freundschaften wohnt etwas zutiefst Zerbrechliches inne; dadurch sind sie auch immer gefährdet – sie sind nicht selbstverständlich; ja, sie sind, je komplizierter die Beteiligten, zuweilen auch schwierig! Weil eben Freunde einander vertraut sind und wechselseitig ihre Schwächen und Stärken kennen, kann ein kritisches Wort oder ein Zweifel den Freund „treffen“ und verletzen. Aber unter Freunden muss man das Herz haben, die „Wahrheit“ sagen zu dürfen – und diese eben auch aushalten zu wollen. Hier kann und darf man neben den „guten“ Gründen für eine Entscheidung auch die „wahren“ Gründe nennen. Also nicht schmollen oder „Kündigung“ der Freundschaft nach kritischen Worten! Wohl nur unter Freunden können wir einer Sache auf den Grund gehen, um uns grundsätzlich zu verstehen. Was nicht geklärt ist, belastet die Zukunft.

Es gibt auch in der Personalführung ein Freundschafts- oder Gesellungsmotiv, das stets von einem Bestreben nach harmonischen Beziehungen gekennzeichnet ist. Solche Vorgesetzte legen, neben der zu erbringenden Leistung, ihr besonderes Augenmerk auf „good vibrations“, auf ein gutes Zusammenspiel; sie sind ideale Teamplayer. Sie sind gern in ihrer Gruppe und setzen sich bedingungslos für sie ein. Dabei besitzen sie die Gabe, zuhören zu wollen und zu können. Ihre freundschaftlich-mitarbeiterorientierte Ausrichtung ermöglicht ihnen, ihr besonderes Augenmerk auf die Gegenwart und auf das zu lenken, was der Gruppe (der Firma) und ihren Menschen dient. Diese fast kompromisslose Konzentration auf die Gegenwart und auf das – gerade in Krisensituationen –, was getan oder unterlassen werden muss, um in der nahen und fernen Zukunft gut zu überleben, ist das wesentliche Merkmal von menschenorientierter „Führungsqualität“. Wer so vorgeht, wird sein Gegenüber befähigen, sein Potenzial optimal zu entwickeln und auszuschöpfen. Freundschaftsmotivierte sind besonders im Konfliktfall darauf bedacht, andere nicht zu beschämen oder zu verletzen. Sie versuchen dem Freund dabei zu helfen, so zu werden oder zu sein, wie er sein möchte und kann … Aber jeder weiß: Auch freundschaftlich-kollegiale Beziehungen sind nicht endlos belastbar; ohne Gegenseitigkeit werden sie auf Dauer nicht gelingen.

Gibt es etwas, was dem reifen, lebensklugen Menschen bei Freundschaften besonders wichtig ist?

Es mag paradox klingen: Er ist auf eine Freundschaft nicht angewiesen. „Nur der ist hoher Freundschaft fähig, der auch ohne sie fertig zu werden vermag. Diese hohe Aufgabe verlangt erhabene Fähigkeiten“ (R.W. Emerson). Wer mit allen gut Freund sein will, wird niemandes Freund sein. Ein kluger Mensch wählt aus. Und er gestaltet seine Freundesbeziehung ständig weiter. So wird er nicht nur beim wechselseitigen Bericht über Lebensereignisse stehen bleiben, sondern sie in ihrer Einbettung in das soziale Gefüge des Freundes sehen und erörtern; nach Motiven und Emotionen fragen; dabei stets die biologische Begrenztheit, die psychologische Fehlbarkeit und die mitmenschliche Kränkbarkeit mit bedenken. Vielleicht ist es ein Zeichen von Reife, dass man sowohl in seiner Begeisterung als auch in der immer möglichen Verletzbarkeit nicht das Maß verliert. Bei der Klärung von kleinen oder größeren Lebensproblemen werden keine selbstgefälligen „Patentrezepte“ angeboten; der Freund hört in erster Linie zu, will verstehen, mitfühlen und kann sich selbst zurücknehmen, um mit Fragen den Freund auf dem Weg zu (s)einer Lösungsfindung zu begleiten. Mit der Freundin oder dem Freund werden auch heikelste Themen erörtert, geheime Wünsche besprochen, Ängste artikuliert, Zweifel und Sorgen geklärt. Der Freund wird dem Freund Spiegel. Mögliche Spannungen und Konflikte in ihrer Auswirkung auf alle Beteiligten werden besprochen und in Handlungsalternativen verwandelt. Die unterschiedlichen Betrachtungsweisen eines Problems, die Möglichkeit des alternativen Herangehens an eine schwierige Situation können bereits den Kern der „Lösung“ in sich tragen. Nur der Freund, der den Freund schätzt und ihn in seiner Eigenart annimmt und würdigt, ist in der Lage, jenseits der individuellen Wertvorstellungen „geistige Weitungen“ zu ermöglichen. Das Freundschaftsmotiv ist ein stilles Motiv, das man am liebsten zu zweit oder in einer kleinen Gruppe pflegt. (Was auch Psychotherapeuten tun; deshalb nennt man sie salopp zuweilen „Freunde auf Zeit“!).

Vielleicht ist Freundschaft wirklich das edelste Gefühl, zu dem ein Mensch fähig ist (im Anschluss an Carl Hilty). Gerade in Krisen- und Notzeiten, in Extremsituationen und bei Grenzerfahrungen bewährt sich eine Freundschaft – oder sie scheitert. (Und man sollte nicht vergessen, dass durch das Scheitern einer ehemals großen Freundschaft tödlicher Hass entstehen kann). Sich klug der Klugheit des Freundes zu versichern und die eigene Erfahrung voll und ganz zur Verfügung zu stellen, ist e i n Weg, um sich einen Freund zu erschließen. Im „Freundwerden" vollzieht sich eine Verwandlung. Die Rolle, die man spielt, löst sich im wertschätzenden Vertrauen, im echten Interesse auf. Sie wird immer weniger nötig. Das „wahre Gesicht" tritt hervor, das „Geheimnis" lüftet sich – es „entlarvt" sich selbst, wie es auch bei seinem Gegenüber geschieht. Nur wenige Menschen werden es sein, denen man gern und offen dieses Vertrauen entgegenbringt, das Freundschaft – langsam – wachsen lassen kann. In einer beginnenden Freundschaft wird niemandem die „Maske vom Gesicht gezogen"; es findet keine Bloßstellung statt, es wird keine Rivalität begonnen, es gibt keine Unter- oder Überordnungstendenzen ... In den oder zu dem „Geist" eines interessanten Menschen vorzudringen verlangt sehr viel Selbstdisziplin, Ehrlichkeit und Taktgefühl. Fragen (vgl. Kasten) und Selbstbekundungen (wie stehe ich selber zu dieser oder jener Frage?) sind weitere Wege in eine gelingende, freundwerdende Beziehung.

Das Miteinandersprechen, das gemeinsame Gehen und Schweigen, die wechselseitigen Informationen, die zusammen gemachten Erfahrungen ... das alles sind Formen des „Sozialen Lausens", wie wir es auch bei den Primaten immer wieder beobachten können: Sie suchen sich wechselseitig das Fell nach Ungeziefer ab. (In Wirklichkeit finden sie relativ selten Flöhe oder Läuse ...). Menschenaffen verbringen einen großen Teil ihrer Tagesaktivität damit, sich durch die Fellpflege der gegenseitigen Wertschätzung zu versichern. Wie viel Zeit verwenden wir auf die „Freundespflege"? Wenn wir auch das Telefon und die neuen elektronischen Medien gern für alle möglichen Informationen nutzen, die persönliche Begegnung ist in einer Freundschaft durch nichts zu ersetzen. Die unterschwelligen, aber wichtigen Einstellungen wie Ängstlichkeit, Traurigkeit, Hoffnung, Zweifel und Verzweiflung, Zögern oder Witzigkeit äußern sich – jenseits der Sprache – im Gesichtsausdruck. Hier können wir erkennen, dass wir eben nicht immer in der „gleichen Welt“ leben: Jeder hat seine Wirklichkeit – und das ist gut so! Am sozialen Gesicht erkennen wir die Glaubwürdigkeit unseres Gegenübers (zumindest ist es hier leichter, sie zu erkennen). Das Gesicht, unsere Körpersprache und die Stellung (der Körper) zueinander (Kinesik) sagen meist mehr als Worte. Interessierte, friedvolle Verständigung setzt körperliche Nähe, Berührtsein und lebendige Gesichter voraus. Aber Sprechen ohne An-Gesicht wird wohl weiterhin „Mode“ sein oder werden, wie auch der freundschaftliche Brief wohl immer mehr in Vergessenheit gerät. Damit verändern sich aber eben auch Beziehungen. Freundschaften geraten in Gefahr, „nur noch“ als lockere Eventbeziehungen betrachtet zu werden: Man ruft sich je nach Gelegenheit und momentaner Lust und Laune spontan einen Partner, der gerade „frei“ ist, zur gemeinsamen Zeitverplanung.

Der sensible Freund sucht den geistigen Austausch. Geistige Freundschaften von Schriftstellern oder Künstlern, Logenmitgliedern oder Bruderschaften wollen meistens – neben der Geselligkeit – den intellektuellen Austausch pflegen. Im empfindsamen Mit- und Einschwingen gestalten sich hier Beziehungen zu Entwicklungs-Bündnissen „heiliger Loyalität“. In der Gruppe der Gleichgesinnten entsteht ein starker Geist der Gemeinsamkeit, eine Kraft zur Veränderung oder auch zur Erduldung gemeinsamen Leids. Hier wachsen Individuen zu Schicksalsgemeinschaften heran. Die – gewollte – Abschottung nach außen zu anderen erzeugt eine Faszination nach innen: Sympathie und gemeinsame Wirkbewusstheit gehen Hand in Hand. Man möchte nicht fehlen ... Das uralte Bedürfnis nach Zugehörigkeit findet hier seine Entsprechung. Betrachten wir denn den Freund, auch die Freundin, nicht als den besseren Teil, als das bessere Bild von uns selbst? Freundschaft in der Vernunft des Herzens und des Geistes? Wer sich allzu klug dünkt, wird nicht viele Freunde haben!

„Selig, wer sich vor der Welt ohne Hass verschließt,
einen Freund am Busen hält und mit dem genießt.“

So dichtete Goethe. Cicero, der Römer, sagt es knapper:

„Ohne Freundschaft gibt es kein Leben.“

Es ist w i e d e r – möchte man sagen – eine Zeit, reif für solidarische Freundschaft(en). Ich suche Gemeinschaft fern von jedem Nützlichkeitsdenken, möchte ehrliche, überschaubare Nähe und zugleich gelingende Distanz. Wir laufen Gefahr, uns in narzisstischer Eigenliebe zu vereinzeln – uns nur noch als diejenigen zu sehen oder zu geben, die „ewig jung sind" und etwas Nützliches und Sinnvolles tun ...

Der Mensch will Freund sein, er will Nähe, Orientierung, Zugehörigkeit. Er möchte sich fallen lassen können, er möchte vertrauen, gemeinsame Zeit verbringen u n d mit sich selber sein. Er will nicht nur Pflicht und Zwang. Man muss/ kann auch sein eigener Freund sein. Die kluge Selbst-Fürsorge bezieht sich vor allem darauf, dass man sich selbst mit gutem Gewissen im Spiegel standhalten kann. Jeden Tag.

Einstellungen und Verhaltensweisen, die Freundschaften begründen können und die sie glücken lassen:

- Gemeinsame Interessen, Ziele, Hoffnungen u n d Möglichkeiten, sie zu erreichen; gemeinsames Erleben und Handeln;
- Verantwortung für sich u n d die Freundschaft übernehmen;
- Zuhören, verstehen wollen, mitfühlen können und sich selbst zurücknehmen wollen;
- Bereitschaft, auch „heiße Themen" anzusprechen; Konflikte und Streitpunkte zu benennen und (rechtzeitig) aufzulösen;
- Den Freund/ die Freundin nicht als Konkurrenten erleben; ihn/sie fördern und sich über seinen/ihren Erfolg mitfreuen;
- Zuverlässigkeit, Ehrlichkeit und Offenheit praktizieren; „Geheimnisse" mitteilen bzw. bewahren;
- Vergangenes, Gegenwärtiges und Zukünftiges schätzen und würdigen;
- Nachgeben, verzeihen, sich entschuldigen können und gegebenenfalls auf „Vergeltung" verzichten;
- Sich wechselseitig als sympathisch erleben, Zuneigung zeigen und trotz möglicher „Schwächen" und Eigenarten den Anderen gut aussehen lassen;
- Verstehen, was Verhalten ist und was es nicht ist: Wir sind nicht unsere Gedanken, auch nicht unsere Gefühle – schon gar nicht sind wir für Gedanken und Gefühle des Freundes „verantwortlich".

Immer wieder wurde ich von verzweifelten, einsamen Menschen gefragt, wie man denn – auch im Alter – noch Freunde gewinnen könne. Ich denke neben dem gemeinsamen Erleben und gemeinsamen Aufgaben sind es Gespräche. Gespräche sind meist nicht einfach, wenn es um schwierige, ernste Dinge geht. Andere Menschen sind oft genauso empfindlich wie wir selber, zuweilen auch noch sensibler. Sie würden auf falsche Akzente in den Unterhaltungen oft mit Rückzug reagieren, ohne ihr Unwohlsein wirklich formulieren zu können oder zu wollen. Die große Kunst, einen anderen Menschen „aufzuschließen", liegt in der Fähigkeit, kluge Fragen zu stellen, sich selbst zurückzuhalten und mit Geduld n i c h t zu werten (vgl. Buchmann/Frey-Luxembruger, 2014).

Fragen, die an den möglichen „Kern der Person" heranführen und damit auch eine Freundschaft begründen könnten:

Fragen nach den Werten:

- Was bedeutet Dir Recht/Unrecht?
- Was empfindest Du als Ehre (Familien-, Berufsehre)? Wenn man Dich anspucken, Deinen Lebenspartner beleidigen würde, Deinen Verein, Dein Land ... schmähen würde ...? Wie möchtest Du dann am liebsten handeln?
- Wobei/wodurch würdest Du Scham erleben? Was würde Dich beschämen? Und was würde Dich stolz machen? Worauf wärst Du stolz?
- Wovor hast/hättest Du Angst?
- Woran glaubst Du? Woran nicht? Wie siehst Du die Neigung zum „Bösen" im Menschen, in Dir?
- Was bedeutet Dir Menschenwürde? Woran erkennst Du, dass gegen sie verstoßen wird?

Fragen nach der Lebensphilosophie:

- Was hältst Du für die wichtigsten, zwischenmenschlichen (oft ungeschriebenen) Gesetze?
- Wofür würdest Du „Dein Leben" (alles) geben?

- In welcher Region der Welt und zu welcher Zeit würdest Du leben wollen – und warum?
- Auf welche kulturellen Leistungen Deines Volkes bis Du stolz? Wofür schämst Du Dich?
- Unterstützt Du (Non-Profit-)Organisationen und warum bzw. warum nicht?
- Siehst Du Dich in ein „größeres System“ (religiös, philosophisch, politisch) eingebunden? Gibt es dort „Regeln“, die über deine Regeln hinausgehen? Wie gehst Du dann mit einem möglichen Konflikt um? (Berufsständische „Regeln“: *Eine Krähe hackt der anderen kein Auge aus* ... Corpsgeist in einer „Bruderschaft“, in einem Team oder einer Glaubensgemeinschaft).
- Gegen welche Regeln würdest Du unter welchen Umständen (sofort) verstoßen?

Fragen an die Selbstachtung:

- Was verstehst Du unter Selbstachtung?
- Was und wer ist für Dich „ein Held“? in der Geschichte oder in der Gegenwart? Welche Menschen bewunderst Du?
- Wozu wärst Du bereit, um erfolgreich, angesehen oder vermögend zu sein? Was verstehst Du unter Erfolg? Würdest Du auch zuweilen „krumme Wege“ gehen, um zum Erfolg zu kommen?
- Würdest Du von einem Freund lieber die Unwahrheit hören und selbst zur höflichen Lüge neigen, um das Verhältnis nicht zu gefährden?
- Was begeistert Dich? Was verabscheust Du?
- Unter welchen Umständen fällt es Dir schwer, einen eher unangenehmen Menschen n i c h t zu demütigen, wenn er versagt hat?
- Was wäre für Dich eine wirkliche Auszeichnung? Und von wem würdest Du sie Dir wünschen?

Nicht alle Fragen müssen so beantwortet werden, wie man sie selbst beantwortet. Es liegt ja gerade ein Reiz in der Andersartigkeit des Anderen, die Gespräche oft gelingen lassen. Einen Menschen erkennt man meist erst in seiner wirklichen Überzeugung durch sein Handeln in einer schwierigen Situation. Ich kenne psychologische Kollegen, die sagen: „Hör mir auf mit den Tests, gib mir jemanden in meine Seilschaft am Berg, und ich sage dir hinterher, ob der was taugt!“ Einen Menschen in einem moralischen Dilemma zu erleben, gibt Aufschluss über seine Wertvorstellungen. In einer Situation, in der sowohl das Handeln als auch das Nicht-Handeln „falsch“ ist, wird jeder letztlich seinen „Charakter“ zeigen (müssen). Hier einige theoretische Beispiele, die man mit einem Menschen andiskutieren könnte:

Einen Freund oder Kollegen wegen einer begangenen Straftat anzeigen? Als Vertreter einer Organspende-Organisation in einem Armenviertel in Afrika (z.B.) „Organe sammeln“ und dafür den Armen viel Geld zukommen lassen? Dem sterbenskranken Vater die früher zugesagte „Sterbeerleichterung“ auf dem Sterbelager verweigern? ...

Wir möchten glauben, dass alles (auch die Freundschaft) einer rationalen Reflexion entspringt. Es ist aber viel wichtiger, anzuerkennen, dass zuallererst unsere – oft irrationalen – Wünsche und Gefühle die Ziele vorgeben, die wir verfolgen. Es ist vielleicht die wichtigste Errungenschaft unseres Gehirns, dass wir uns Dinge, Abläufe und Beziehungen vorstellen können, die in der Realität – noch – nicht existieren, aber eben doch möglich sein könnten.

Gerade das Gespräch über solche (und andere) abstrakten „Fälle“ führt uns zum Verständnis des Wesens eines anderen Menschen. Dabei wird uns oft selber deutlich, wie schwer manche Entscheidungen fallen ... Die Diskrepanz zwischen Sein und Sollen kann uns elend machen – aber sie ist auch Quelle größter Anstrengungen, damit uns das Leben gelingt.

Aus der Paartherapie (das sind nicht immer nur Ehepartner) gibt es auch Erkenntnisse, was zum M i s s l i n g e n einer Beziehung führen kann. Dazu haben Gottman und Mitarbeiter (University of Washington) sieben typische Verhaltensweisen gefunden, die – wenn sie gelebt werden – eine Trennung vorhersagen können:

1) Ein „grober Auftakt“ bei einer Auseinandersetzung – sofort negativ und anklagend werden, wenn Sie eine Diskussion mit ihrem Partner beginnen.

2) Kritik – negative Dinge über den Charakter oder die Persönlichkeit des Partners sagen.

3) Verachtung – Spott und Hohn, Sarkasmus, Zynismus, Schimpfwörter gebrauchen, feindseligen Humor und Abscheu an den Tag legen.

4) Abwehr – das eigene Verhalten rechtfertigen und stattdessen den Partner angreifen.

5) Mauern – sich zurückziehen, sich abwenden, sich weigern, zu sprechen und zu reagieren oder dazu unfähig werden.

6) Überflutung – eine physiologische Reaktion auf die Negativität des Partners, charakterisiert durch beschleunigten Herzschlag, erhöhte Adrenalinausschüttung, Ansteigen des Blutdrucks und das Gefühl, überwältigt zu sein.

7) Gescheiterte Rettungsversuche – Versuche eines Partners, den Schaden wieder gutzumachen und zu verhindern, dass die Negativität eskaliert, bis sie unkontrollierbar ist, werden ignoriert oder scheitern in anderer Weise.

Meine Erfahrungen bestätigen diese Befunde. Zwei Elemente füge ich hinzu:

8) Fehlender Respekt vor- und füreinander (im Anschluss an den Punkt 3 oben).

9) Fehlende „Freundschaft“ zueinander.

## Schuld

Wo wir rechtliche, moralische oder religiöse Gebote verletzen – Gebote, die wir anerkennen und für deren Verletzung wir eine Verantwortlichkeit spüren, erleben wir Schuld. Schuld ist ein „sehr großes Wort“ – aber wenn wir uns zur Freiheit des Individuums bekennen, wenn wir Verantwortung und Moralität als der menschlichen Würde innewohnend betrachten, müssen wir wohl auch Schuld auf uns laden; denn wer handelt und entscheidet, macht Fehler! Kann ein weiser Mensch ohne Schuld sein? Hat er alle „seine Sünden“ durch Reue, Verzeihen und Wiedergutmachung getilgt? Mit Schuldgefühlen, die nicht geklärt oder gesühnt sind, kann man nur sehr bedingt zufrieden und ausgeglichen leben. Sehen wir uns einige Beispiele an:

Jemand hat bei seinem Vermieter die Miete nicht bezahlt. Eine Kindergärtnerin hat fahrlässig ein Kind allein nach Hause geschickt. Ein gläubiger Muslim hat an einem Tag nicht sein Gebet verrichtet. Ein Autofahrer ist betrunken in eine Menschenmenge gefahren; bei dem Unfall starben zwei Menschen. Eine Mutter macht sich auch noch nach Jahren Vorwürfe, weil ihre Tochter irgendwie auf die schiefe Bahn geraten ist. Ich fühle mich (mit-)schuldig daran, dass Kinder auf der Welt bei allem Wohlstand verhungern. Ein halbwüchsiger Sohn begeht Suizid, und die Eltern fühlen sich schuldig.

Oder aber auch: Ein Bankmanager fühlt sich in keiner Weise schuldig an der Bankenmisere, denn jeder andere Kollege hat ja auch mit fremdem Geld spekuliert. Ein Polizist hat einen behinderten Jugendlichen, der ihn mit einer Spielzeugpistole bedrohte, erschossen und fühlt sich in keiner Weise schuldig; denn „die Waffe hätte ja echt sein können!“ Ohne irgendwelche Gewissensbisse lässt der Marktleiter einer Handelskette falsch bestellte Lebensmittel in den Müll-Container werfen. Ein Betrunkener hat einen Kumpel im Streit so zusammengeschlagen, dass der sich nur noch im Rollstuhl fortbewegen kann. Der „Täter“ fühlt sich aber nicht schuldig. Ein in Deutschland aufgewachsener und geförderter junger Mann hat Erfolg – und bringt seine Verdienste als Spitzensportler vor der Steuer „in Sicherheit“ auf ein Auslandskonto. Ein Gefolterter hat seine Kameraden verraten, die daraufhin erschossen werden.

Jedem werden weitere Beispiele einfallen, in denen es um „Schuld" geht. Und jeder spürt, dass hier sehr unterschiedliche Schuldvorstellungen aufgezeigt wurden. Es ist primär auch eine philosophische Frage, ob ein Mensch in unserer Gesellschaft und in unserem Kulturkreis überhaupt ohne Schuld sein kann? Stimmt die Überzeugung, dass ein seelisch gesunder Mensch ohne Schuld ist? Oder: Ist Schuld ein unvermeidliches „Schicksal" des Menschen, da er immer zu Entscheidungen gezwungen ist und damit andere Möglichkeiten verwirft? (nach M. Heidegger). Oder: Kann man sein Leben mit einer aufgeladenen Schuld überhaupt „gut" leben? Welche Möglichkeiten gibt es, sich von Schuld zu befreien? Kann ich das selber? Muss das eine „andere Instanz" für mich tun?

Es seien zuerst fünf Versionen der Schuld vorgestellt. Da ist zuerst die *strafrechtliche Bedeutung von Schuld* zu klären. Ein Täter, der auch anders hätte handeln können, tut entweder vorsätzlich oder fahrlässig etwas Verbotenes. Stellt eine Instanz (Gericht) fest, dass offensichtlich eine Schuld vorliegt, führt das zu einer Bestrafung. Dabei sind die Umstände der Tat und die Verfassung des Täters zum Zeitpunkt der Tat zu berücksichtigen: herrschte Not? Oder liegen irgendwelche Entschuldigungsgründe vor?

Davon zu unterscheiden ist die *zivilrechtliche Schuld*: Sie liegt vor, wenn der eingegangenen Verpflichtung oder Verbindlichkeit nicht nachgekommen ist. In dem Sinn kann man auch etwas „verschulden", weil man etwas tat oder unterlassen hat, was entweder nicht zulässig war oder von einem hätte erwartet werden können. Eine negative Rolle spielen hier Versicherungen und Anwälte, die grundsätzlich aus „versicherungstechnischen" Gründen empfehlen, erst einmal k e i n e Schuld einzugestehen, ja, vielleicht sogar das Lügen befürworten!

Ganz anders verhält es sich mit einer *religiösen Schuld*: Hier hat man, so glaubt man, gegen ein von der Gottheit, an die man glaubt, erlassenes Gebot verstoßen. Man hat etwas unterlassen, dessen man eigentlich z.B. als Moslem schuldig gewesen wäre. Die Übertretung eines in einem Normenkodex erklärten und vorgegebenen Gesetzes führt zum Schuldig-Sein und zum Erleben von

„Sünde". Die Religionen haben sehr differenzierte Verfahren zur Schuldvergebung entwickelt, u.a. die Beichte in den christlichen Ausprägungen des Glaubens.

Ähnlich verhält es sich mit einer *philosophisch begründeten Schuld*: Handelt man gegen eine Überzeugung, die aus einer ethischen Haltung erwächst, meldet sich die Beurteilungsinstanz als Gewissen und signalisiert die Verfehlung als Schuldgefühl, das daraufhin entsteht. Im ethischen Sinn setzt Schuldigwerden die Freiheit des Menschen voraus, ebenso Verantwortlichkeit und Moralität.

Wiederum eng damit verbunden ist das *psychologische oder psychoanalytische Verständnis von Schuld*: Hier kommt es zu einer subjektiven, bewussten oder unbewussten Überzeugung, dass man einem Menschen Schaden zugefügt haben könnte oder zugefügt hat. Selbst wenn man juristisch „freigesprochen" wird, bleibt das Empfinden des Versagens und der Schuldhaftigkeit bestehen. Krankhafte Züge bekommt eine Schuld, die z.B. bei KZ-Überlebenden nur daraus entsteht, dass sie überlebt haben! Dies wird als interpersonaler Konflikt – auch den Umgebrachten gegenüber – erlebt. Und da diese Schuldvorwürfe zuweilen gar nicht bewusst sind, ist es ein Ziel der Psychotherapie, solche unguten Zustände bewusst zu machen und zu bewältigen. (Aber der Therapeut ist keine moralische Instanz, die ein Urteil fällt; der Therapeut kann dem Patienten helfen, ein eher selbst bestimmtes Leben zu führen).

Gerade hinter dem letzten Gedanken schimmert die Überzeugung auf, dass man Menschen von aller Schuld befreien könne. Auch die Buße und die abgeleistete Strafe (z.B. einige Jahre im Gefängnis) befreien oft nicht von einem möglicherweise ein Leben lang anhaltenden Schuldgefühl. Auch dort, wo objektiv keine Schuld nachzuweisen ist, kann auf ewig dieses (neurotische) Schuldgefühl bestehen bleiben; und zuweilen genießen Menschen auch „das Bad" in ihrer Schuldigkeit – vor allem dann, wenn man zugleich noch Opfer sein „darf".

Diesen Vorstellungen von Schuld ist gemeinsam, dass man überhaupt zu einem Schuldgefühl fähig ist: Man erlebt sich – in innerlicher Überzeugung – als

Urheber an den unerwünschten Folgen, die das eigene Handeln (oder Unterlassen) bewirkt. Es muss also eine „Zurechnungsfähigkeit" für ein Verschulden vorliegen – was ja meist bei Kindern und psychisch Kranken wegen fehlender Einsicht, mangelhafter Steuerungsfähigkeit des Verhaltens oder einer Unreife nicht der Fall ist.

Auf unseren Lebenswegen werden wir alle irgendwann „Schuld auf uns laden" – und wir werden auch sicherlich mit der ein oder anderen nicht tilgbaren Schuld leben müssen. Wir können an anderen Menschen schuldig werden. Vor allem Kant hat mit seiner „Sollensethik" postuliert, dass wir das Gebotene oder Erforderliche als „Pflicht" zu erfüllen haben. Aber: Heute stehen nicht allgemeine – und austauschbare! – Werte (von wem auch immer aufoktroyiert!?) im Vordergrund, sondern die Würde des Menschen. Sie begründet als oberstes normatives Prinzip die individuellen Freiheitsrechte des Menschen.

Es ist die philosophische Leitfrage schlechthin: „Wie s o l l t e die Welt beschaffen sein"? Dabei darf man nicht „die Welt" mit „der Natur" gleichsetzen. Und – so meine ich – immer werden wir uns entscheiden müssen und dabei Fehler machen, die wir oft erst im Nachhinein bemerken oder aufgezeigt bekommen. Sensible Menschen, meist sogar jene, die sich am wenigsten haben zuschulden kommen lassen, leiden oft am stärksten an Schuldgefühlen; oft sogar „nur" für „schlechte" Gedanken, ohne die Tat an sich. Es gibt auch Menschen, die ihre soziale Umwelt dadurch gekonnt manipulieren, dass sie Schuldgefühle „verursachen". So sagt vielleicht eine alte Mutter zu ihrer erwachsenen Tochter: „Geh du ruhig. Irgendwie komme ich schon allein zurecht. Und wenn nichts mehr geht, tue ich mir eben was an ...!" („Die Welt wird mit Schulgefühlen regiert ...", höre ich meinen klugen Großvater sagen.) Und noch ein psychologisches Phänomen gilt es für jeden Einzelnen zu klären: Nämlich die Neigung, dafür bestraft zu werden (z.B. vom Partner), dass man etwas Verbotenes gedacht oder getan hat. (Freud hat hier vom „Verbrecher aus unbewusstem Schuldgefühl" gesprochen. Solch ein Mensch begeht ein Delikt, um entdeckt und bestraft zu werden. Oder möchte er – wie manch ein verblendeter Amokschütze – nur Beachtung finden, eventuell in die Medien kommen?)

Die soziale Fähigkeit, Schuldgefühle überhaupt zu empfinden, ist ein Zeichen von Reife. (Tiere haben keine Schuldgefühle). Ein Zeichen von Weisheit wäre es, mit Schuldgefühlen verantwortlich umzugehen und trotzdem bzw. gleichzeitig ein gutes Leben (Eudämonie) zu führen. Darum soll es im Folgenden gehen. Die Gedanken sollen darum kreisen, wie wir mit unserer (und fremder) Schuld umgehen können; denn im Alltag würden wir uns und unseren Mitmenschen das Leben schwer machen, wenn wir stets nur tiefgebeugt in unserer Schuld herumliefen.

Drei Vorgehensweisen scheinen mir besonders häufig anzutreffen zu sein: Man schiebt die Schuld von sich und weist mit dem Finger auf „die anderen". Weiterhin rechtfertigt man sich, indem man die Schuld verdrängt, leugnet oder sie rationalisiert. Das sind meist unbewusste Abwehrmechanismen, die das scheinbar unfehlbare und „großartige" Ich vor einer Verletzung durch die Realität schützen soll. Und drittens: Man bildet eine seelische Hornhaut aus, die erst gar kein Schuldgefühl entstehen lässt. Schergen und „Erfüllungsgehilfen" tun, was man von ihnen verlangt; und sie empfinden keine Schuld wenn sie z.B. andere Menschen (im Krieg) umbringen („Genickschussmentalität"!).

Es geht mir nicht darum zu werten, sondern darum, darzustellen, wie wir – jeder auf seine Weise – „vernünftig" mit Schuld umgehen können. Kleine Kinder werden durch Angst vor Strafe oder Ablehnung zu gefügigem Verhalten erzogen. (Die sechs Stufen – ein etwas veraltetes, aber wohl noch gültiges Modell von Kohlberg – über die Gewissensentwicklung verdeutlichen die verschiedenen Stufen der moralischen Reife). Schuldgefühle sind sicherlich zu einem großen Teil das Ergebnis einer kognitiv-belehrenden Erziehung: Von klein auf wird uns beigebracht, wie wir zu sein, was wir zu tun und was wir zu glauben haben. Und dabei geht es den Erziehern nicht immer in erster Linie um das Wohl der Kinder! Schuldgefühle sind (wie auch die Schamgefühle) konditioniert und kognitiv gesteuert. So betrachtet sind Schuldgefühle eher gelernte Schuld r e a k t i o n e n in bestimmten Situationen. Die Gedanken, die man sich als Person macht, sind gelernt! Und wenn ein Mensch dann sogar zum übermäßigen „Schuld-Grübeln" („...ich hätte mich ganz anders verhalten sollen ...!") neigt, kann das zu schweren seelischen Verstimmungen und in deren Folge zu Erkrankungen (z.B. Depressionen und in der Folge zum Suizid) führen.

Gefühle können wir am besten mit Alternativ-Gefühlen beeinflussen; Gedanken können wir am leichtesten mit Gedanken korrigieren oder erweitern! Deshalb denke ich, dass ein kluger Mensch mit sich ins Gespräch kommen muss, wenn er Ansätze oder auch massive Empfindungen von Schuld verspürt.

Dazu gehört als erstes, dass wir diesen Zustand zur Kenntnis nehmen und möglicherweise seine Ursachen erspüren oder erkennen. Und muss man nicht immer auch die Zeit bedenken, zu der ein schuldhaftes Verhalten geschah? In der Dunkelzeit, z.B. in einem KZ oder in einem Folterlager, verhält man sich wohl ganz anders, als man das Jahre später (oder aber am „grünen Tisch" eines Richters?) in einer Zeit des Lichts beurteilen mag. Da wir alle unsere spezielle „Schuldstruktur" haben, müssen wir auch individuell mit ihr oder an ihr arbeiten. Dazu können ein paar Fragen helfen:

• Ist dieses Gefühl wirklich „Schuld" oder ist es eher Angst, Versagen, Hilflosigkeit und Ohnmacht?
• Kann ich (kann ein Mensch wie ich) für das, was ich da erlebe oder beobachte, überhaupt eine Verantwortung haben?
• Reicht mein Handlungsrepertoire aus, um etwas – und sei es noch so wenig – Sinnvolles zu tun, um den Übelstand zu verbessern? Wenn mir alle Mittel zur Verfügung ständen: Was würde ich dann tun? Und wäre damit das Problem wirklich beseitigt?
• Nützen mir meine (belastenden) Gedanken, mit der Situation besser umzugehen?
• Was kann ich – für mein Leben bzw. für meine unmittelbare Umwelt – aus der Erfahrung lernen? Ist Handeln besser als Nichtstun? Kann ich eine Solidarität herstellen?
• Mit wem kann ich zu meiner Erleichterung sprechen? Wer kann mir bei meiner Orientierung eine Hilfestellung sein?
• Was macht dieses Gefühl einer möglichen Schuld mit mir? Wie und wo nehme ich dieses Empfinden wahr?

Dies sind Fragen, die in einer psychotherapeutischen Begleitung sehr oft gestellt werden.

Als nächsten Schritt empfehle ich eine „Realitätsprüfung". Ist es wirklich so, wie ich das sehe? Wie sieht ein Freund, wie ein neutraler Beobachter die Situation? Wo und wie habe ich leichtfertig, fahrlässig oder auch „mutwillig" Schuld auf mich geladen – und was hätte ein möglicherweise anderes Verhalten bewirkt? Wäre ich zu diesem anderen Verhalten in der Situation, in der ich mich befand, fähig gewesen? Konnte ich ahnen oder gar wissen, wie sich der Prozess weiter entwickelt? (Der betrunkene Autofahrer muss um seine Fahruntüchtigkeit wissen! Die nicht bezahlte Miete wird Folgen haben. Die gut gemeinte Erziehung einer Mutter kann nicht allein Ursache für das Fehlverhalten des Kindes sein. Bei einer Prügelei kann man damit rechnen, dass beide zu Schaden kommen ...). Da man „nach der Kirche meist klüger ist als vorher", ist es oft müßig zu fragen: „Was wäre gewesen, wenn ..."? Man kann das Geschehene nur als Realität hinnehmen und den Grad der eigenen „Verschuldung" zu eruieren versuchen. Dabei sollte man sich klar sein, dass (s.o.) es eine sehr subjektive – also keine objektive – Beurteilung ist. Wer sich irgendwie für alles zuständig und verantwortlich wähnt, wer besonders sensibel ist und zugleich einen indifferenten „Machtanspruch" hat, wird sich schuldhafter erleben als jemand, der mit Maß und Bescheidenheit seine Grenzen kennt und akzeptiert. Zugleich kann man mit sich selbst sehr streng oder aber auch etwas nachsichtiger umgehen. Die eigene Fehlbarkeit anzuerkennen, stellt auch einen Schutz vor einer zu idealen Über-Ich-Komponente dar. Könnte man – so gesehen – die Schuld nicht auch als einen Entwicklungshelfer für eine reifende Persönlichkeit verstehen?

In einem dritten Schritt wäre zu überlegen, was man denn nun tun kann. Welches Verhalten ist sinnvoll, hilfreich, adäquat, „schmerzlindernd" oder einfach nur „entspannend"? Es geht darum, eine starke Emotionalität abzubauen, um bessere kognitive Entscheidungen treffen zu können. Es kann sinnvoll sein, über einen Missstand sehr aufgebracht zu sein – aber es ist nicht besonders sinnvoll, in solch einem Zustand wichtige Entscheidungen zu treffen. Und da wir als Menschen unser Leben primär handelnd gestalten wollen, ist es gut, durch unser Tun (oder Lassen!) direkt nach einem schuldhaften Erleben, nicht noch weitere Schuld anzuhäufen, indem man unbedacht den Schaden vergrößert. (Als negatives Beispiel mag gelten, dass man nach einem verschuldeten

Unfall Fahrerflucht begeht.) Nur (?) bei akuten Bedrohungen ist es wohl sinnvoll, seiner Intuition zu vertrauen, um eine aufgeladene Situation situativ zu regeln. Es kann hilfreich sein, sich in „Zeit-Ruhe“ darüber klar zu werden, welches Verhalten in dieser Situation am besten wäre. Hier einen Freund, eine Freundin zu haben oder einen wohlmeinenden Berater befragen zu können, ist „Gold wert“. Aber man kann auch mit sich allein „ins Gericht“ gehen und überlegen, was zu tun ist. Dabei hat sich bewährt, eine Nacht über die Sache zu schlafen. Spontanhandlungen sind oft nicht die optimale Lösung. Es kann weiterhin hilfreich sein, „den Fall“ z.B. in seinem Tagebuch zu notieren; das Hinschreiben zwingt zur Strukturierung, und der Akt der „Entäußerung“ befreit im Allgemeinen.

Ein ganz bedeutender Schritt wird sein, dass man erkennt und anerkennt, dass man mit der Schuld leben muss und wahrscheinlich auch leben kann. Das Nichtstun, das Aushalten, das Ertragen, das Erdulden ... das sind schwierige, aber mögliche „Verfahren“. Es ist eine der Grundverhaltensweisen menschlicher Natur: weder zu flüchten noch zu kämpfen, sondern standzuhalten! Je höher unsere „Führungsverantwortung“ für andere Menschen ist, umso häufiger werden wir in Situationen geraten, in denen wir nicht allen Menschen gegenüber voll gerecht werden können.

Insofern scheint auch ein – vorerst letzter Schritt – sinnvoll: Die Bewertung des eigenen Verhaltens und das Hinnehmen der Situation. Kann und muss ich als „Schuldiger“ etwas wieder gutmachen? Ist mir Buße möglich? Zeige ich Reue? Kann ich um Verzeihung bitten? Kann ich mir auch selbst vergeben? (Ein ganz schwieriger Prozess). Der Weise weiß, dass weder die Welt noch er selbst immer so ist, wie er sich das wünschen würde – oder: Nichts ist nur so, wie es uns erscheint. Die Situationen, in denen wir leben, sind so komplex, und sie haben ihre eigene Dynamik, außerdem sind sie selten linear ... wir habe da längst nicht immer die Chance, k e i n e n Fehler zu machen. Vielleicht ist die bereits oben angedeutete tolerante und bescheidene Haltung sich selbst gegenüber ein gutes Mittel, den Schwierigkeiten des Lebens qualifiziert zu begegnen? Sind nicht auch große kulturelle Werke aus einem Gefühl der Schuld entstanden?

Die oben angedeuteten drei Vorgehensweisen stellen unterschiedliche „Reifegrade“ des Verhaltens dar. Es macht wenig Sinn, „Schuld“ auf andere abzuschieben: Man belastet damit nicht nur andere, sondern letztlich auch sich selbst. Abgesehen davon ist das meist auch schlichtweg falsch! Etwas zu verdrängen (Kinder halten sich die Augen zu!) ist kurzfristig vielleicht eine Methode, die entlastet. Langfristig sind solche Abwehrmechanismen nicht hilfreich, weil sie „den Charakter“ verderben. Sich eine seelische Hornhaut zuzulegen, scheint aber noch problematischer zu sein: Man wird zum unmenschlichen Apparat ohne Gefühle. In jedem Beruf wird es durch Erfahrung gelernte Einstellungs- und Verhaltensweisen geben, die eine gewisse „Emotionslosigkeit“ als Professionalität hervorbringen.

Ein erweitertes Thema ist sicherlich auch die Frage, wie man mit „fremder Schuld“ umgeht? Wenn ich durch die „Schuld“ eines Dritten um meinen guten Ruf gebracht wurde (was z.B. im Geschäftsleben verheerende Folgen haben kann); wenn mich jemand schuldhaft schwer verletzt hat; wenn z.B. ein Geistlicher ein Kind missbraucht hat; wenn ein Arzt bei einer OP „Pfusch“ gemacht hat ...

Einerseits können Gerichte angerufen werden, andererseits kann der schwere und lange Weg der Vergebung und des Verzeihens begangen werden. Nelson Mandela hat „vergeben“, indem er das ihm zugefügte persönliche Leid in der Bewertung zugunsten der höheren Idee für sein Land (Aussöhnung, Frieden ...) zurückstellte. Man muss wohl den Schatten des erlittenen Unrechts überspringen, um eine versöhnliche Zukunft möglich zu machen. Dazu wären weitere Überlegungen anzustellen, die den Rahmen hier übersteigen.

Wir können wohl nicht ohne Schuld sein – aber ein Weiser lebt mit ihr, wie mit einem mahnenden Freund. Das ist eben auch ein Preis, den wir für unsere menschliche Freiheit zu zahlen haben.

## Autofahren und Weisheit?

Man fragt sich, ob das wirklich zusammenpasst. Der tägliche „Wahnsinn" in den Ballungszentren der Großstädte und auf den Autobahnen kann doch nichts mit „Weisheit" zu tun haben!

Wenn ich aber den Anspruch erhebe, dass wir uns bei jeder täglichen Verrichtung achtsam und weise verhalten können und sollten, gehört das Autofahren in jedem Fall dazu. Nun kennen wir Autofahrer seit unserer Fahrschulzeit die Regeln des guten Fahrens. Dazu gehören: Beachtung der Verkehrsregeln, Rücksichtnahme auf andere Verkehrsteilnehmer, besonders auf Kinder und ältere Menschen, sowie – neuerdings – kostenbewusstes und umweltschonendes Fahren. Wie kaum ein anderes Verhalten ist das Autofahren ein Hinweis auf unsere Befindlichkeit und unsere Reife. Wenden wir uns einmal den primär nicht-technischen Seiten des Autofahrens zu.

Die meisten erwachsenen Menschen in unserer Gesellschaft fahren Auto. Die wenigsten fahren wahrscheinlich d a s Auto, von dem sie träumen. Und alle älteren Autofahrer haben eine „Karriere" als Besitzer von fahrbaren Untersätzen hinter sich. Zuweilen könnte man vermuten, dass das Auto eine „Erweiterung" der Persönlichkeit sei und dass die Art, wie man sein Autofahren betreibt, viel über die jeweilige Person des Fahrers aussagt. Mit dem Auto, das man fährt, nicht so richtig einverstanden sein ...? Mit dem Leib, der man ist, nicht wirklich einverstanden sein ...?

Welches Auto leistet man sich? Und aus welchen Gründen kommen bestimmte „Marken" für viele Menschen nicht infrage – oder warum muss es auf jeden Fall ein XY-Modell sein und kein anderes? Manchmal spielt die (gute) Erfahrung beim Kauf eines Fahrzeugs mit, zuweilen sicherlich die Gewohnheit – und wieder andere Menschen lieben den Wechsel oder das Herumexperimentieren. Es kann auch sein, dass der eine oder andere aus der kleinen Modell-Serie „herauswächst" und nach (mehr) Luxus greift. Wenige Käufe sind emotional so von bewussten und unbewussten Motiven bestimmt wie der Autokauf. Und wahrscheinlich sind nur relativ wenige Menschen völlig unbeeinflussbar von dem, was sein Auto ihm als Statussymbol vermitteln kann: Eigentlich benötigt man nur ein preiswertes, sicheres Gefährt, um von A nach B zu kommen ...

Wenn wir das Auto mit unserem Körper – also den Umgang mit dem Auto mit dem Umgang mit unserem Körper – vergleichen, würden wir feststellen, dass wir oft das Auto „besser" oder angemessener behandeln: Wir sorgen dafür, dass es technisch sicher und leistungsfähig ist, dass es gepflegt aussieht, dass es „richtig" gefahren wird (damit wir den Motor nicht zerstören), dass wir das Fahren umsichtig und einigermaßen korrekt hinbekommen. (Und wir denken – vielleicht – an den Wiederverkaufswert!).

Und beim Körper? Geben wir ihm das, was er benötigt, um langfristig leistungsfähig zu sein? Um über Jahre hinweg als „Träger der Persönlichkeit" zu funktionieren? Tun wir (im Gegensatz zum Autokauf) alles dafür, mit dem „Modell", das wir sind, auch nach Jahren noch zufrieden zu sein? (Rechtzeitiger „TÜV", ab und zu das Öl und die „Dichtungen" auswechseln? Regelmäßige Grundreinigung? ...). Es geht doch beim Autofahren wie beim Leben darum, gut und sicher unterwegs zu sein und „anzukommen".

Betrachten wir das eigentliche Fahren. Kaum eine andere Tätigkeit ist für moderne Menschen heute so existenziell und emotional „aufregend" wie das Autofahren. Wir tun es zwar mit einer erstaunlichen Routine (und das ist auch gut so!) – aber wir sollten ab und zu ruhig darüber nachdenken, dass wir auf der Straße täglich mit dem möglichen Unfall, schweren Verletzungen oder gar dem Tod konfrontiert sind. (Das tun wir nicht gern, aber ...). Die uralte Forderung der Philosophen so zu leben, als sei es der letzte Tag, kann beim Unterwegssein mit dem Auto (oder Motorrad) täglich gelebt werden. Ist es ein Vorteil, wenn besonders junge Menschen (vor allem Biker) meinen, sie seien „unverletzlich", ihnen könne gar nichts passieren? Wir neigen dazu, uns zu versichern – und dann an das mögliche Desaster nicht mehr zu denken. (Ein Grund, warum viele Menschen schon bei Kleinstunfällen zuweilen „den Kopf verlieren").

Vier Faktoren bestimmen unser „Autofahrer-Befinden“: meine augenblickliche Befindlichkeit (und dazu gehört auch meine grundsätzliche, psychische Verfassung), der technische Zustand meines Fahrzeugs (das wird hier nicht angesprochen), die Witterungs- und Straßenbedingungen u n d das Verhalten der anderen Verkehrsteilnehmer, die mir ja völlig fremd sind!

Beginnen wir darüber nachzudenken, wie die „anderen Menschen“ uns beeinflussen. Wir gehen reichlich naiv von der Vorstellung aus, dass jeder andere Verkehrsteilnehmer doch auch so vernünftig und „gut“ Auto fährt wie wir selber. (Und zugleich halten wir uns oft für die Besten!). Natürlich wissen wir, dass andere Menschen anders sind als wir, aber wir erwarten unausgesprochen von ihnen, dass sie sich – wenigstens uns gegenüber – anständig, fair, korrekt, rücksichtsvoll ... verhalten. Ihre Fahrzeuge (LKWs, Pkws, Motorräder und E-Bikes ...) sollen technisch absolut in Ordnung sein ... Wir erwarten auch, dass sie keinen Fehler machen, alles gut übersehen können, gesund sind (es fahren unglaublich viele Hirngeschädigte – wirklich im medizinischen Sinn – auf den Straßen!) und alle Regeln beherrschen und berücksichtigen ... Wir gehen wie selbstverständlich davon aus, dass alle Verkehrsteilnehmer sowohl über eine Fahreignung als auch über ihre uneingeschränkte, momentane Verkehrstüchtigkeit verfügen ... Denken wir etwas konkreter darüber nach, ahnen wir, welch ein Konfliktpotenzial aus diesem Denken erwachsen kann.

Menschen machen Fehler – und wir sollten gerade beim Autofahren mögliche „Fehler“ der anderen Verkehrsteilnehmer antizipieren: also „vorwegahnen“. Diese Fähigkeit unterscheidet vor allem die Anfänger von den Routiniers auf der Straße. Es gibt immer wieder kritische Situationen: Kreuzungen/Vorfahrt und Abbiegen, Einfahrten auf die Schnellstraße, zu schnelles Fahren ... Aber auch Witterungsbedingungen wie Nebel, Starkregen, Glätte beeinflussen das Fahren dramatisch. Nachtfahrten sind für viele Menschen besonders problematisch. Sich hier als „guter Fahrer“ in die möglichen Verhaltensweisen anderer rechtzeitig und umsichtig einzuspüren, kann ein Aspekt der Überlebensstrategie sein. Denken wir aber auch an das Verhalten von Autofahrern und den Insassen von Fahrzeugen auf dem Parkplatz: Drängeln, Unachtsamkeit, Rückwärtsfahren, Enge und Eile ... können das „normale“ Verhalten schlagartig bei allen Beteiligten verändern. Besonders „Sonderfahrzeuge“ (Müllwagen, Kranwagen, Rettungswagen mit Sondersignal ..., aber auch Busse, LKWs, Traktoren, Behindertenfahrzeuge und Kolonnen ...) haben ihre besonderen Eigenarten, die nicht unbedingt mit den eigenen Erfahrungen und Erwartungen übereinstimmen. Nachrangig für die meisten Menschen sind Verhaltensweisen im Schiffs-, Bahn- oder Flugverkehr. Also: Das mögliche abweichende Verhalten von anderen Verkehrsteilnehmern zu ahnen, ist eine Schlüsselqualifikation für den Autofahrer. Beim Autofahren ist die Sensibilität für die Tiefenwahrnehmung einer anderen Person besonders hilfreich. Wer sich provozieren lässt, wer dazu neigt, „mit gleicher Münze heimzuzahlen“, ist kein guter Autofahrer – und schon gar nicht „weise“. Er schädigt sich selbst! Zuweilen ist auch der Gedanke hilfreich, dass man einem „Rüpel“ nicht (auch noch) die Macht geben sollte, dass er mich ärgern kann! Wundern und „Kopfschütteln“ wären hier angebrachter. Es sollten auch die eigenen Vorurteile gekannt und reduziert werden: „Typisch BMW-Fahrer“ oder: „Klar, Frau am Steuer ...!“ Vorurteile beinhalten stets die Haltung: „Ich bin gut, der andere ist ... na, ja ..!“

Es gibt noch einen anderen Menschen (manchmal sind es mehrere!), der mich aus der Ruhe bringen kann: Das ist der Beifahrer oder die Beifahrerin. Gebe ich ihm oder ihr „die Macht“, mich anstecken zu lassen? Will ich durch besonders forsches Fahren jemandem imponieren? Ärgere ich mich, wenn sie/er mich darauf hinweist, dass ich zu schnell fahre ...usw.? Auch hier bietet sich an, dass man gelassen das Gespräch sucht und führt, ohne sich emotional in die Enge treiben zu lassen.

Der interessanteste Aspekt ist: Was macht das Autofahren mit mir? Autofahren ist eine Handlung, die einem Zweck dient. Meistens möchte man irgendwohin; oft *cruist* man aber auch nur auf dem Boulevard herum ... Manche genießen den Kick durch die Geschwindigkeit und die damit verbundene Gefahr. Andere lieben es, im Cabrio durch die Berge zu fahren: langsam, genussvoll und in einer wohl eher gelassenen Stimmung.

Man könnte die gesamten Grundlagen der Psychologie am Beispiel des Autofahrens verdeutlichen! Es geht um das Wahrnehmen, die Gedanken, die Gefühle und das Verhalten. Das Wahrnehmen wird von unserer bewussten wie unbewussten Aufmerksamkeit gesteuert: Wir registrieren u.a., was uns interessiert, was neu oder nur „anders“ als erwartet (also auffällig) ist, was sich bewegt, besonders bunt ist oder einem inneren Bedürfnis entgegenkommt. Vieles, was wir – mit all unseren Sinnen – wahrnehmen, ist unserem Bewusstsein zugänglich, anderes nicht. Unsere Konzentration richtet sich auf das, was uns im Moment wichtig erscheint. So können wir „in Gedanken versunken“ oder mit unseren Magenschmerzen beschäftigt oder auf der Suche nach dem heruntergefallenen Apfelstückchen ... die Aufmerksamkeit in gefährlicher Weise vom eigentlichen Geschehen auf der Straße abziehen. Wie „im richtigen Leben ...“.

Wir alle kennen die Gefahr der Monotonie auf langen Strecken – und der Bereich der „Verkehrstelematik“ hat uns durch diverse Fahrerassistenzsysteme Hilfen angeboten, scheinbar sicherer unterwegs zu sein. (Ob das wirklich so ist, werden weitere Forschungen ergeben müssen. Es besteht die Gefahr, dass durch solche Systeme die Aufmerksamkeit delegiert wird – und somit eine „Elektronik-Abhängigkeit“ entstehen könnte!).

Wer häufiger im Ausland Auto gefahren ist, verfügt meist über einen reichen Erfahrungsschatz an „Andersartigkeit“. Ob man in arabischen oder indischen Großstädten unterwegs war, mit einem Offroader durch Wüstengebiete fuhr oder Flussbette durchqueren musste ..., alles könnte auch seine Entsprechung im täglichen Leben haben: Wir müssen mit der richtigen Ausstattung, der optimalen Verfassung und viel Gefühl für die spezielle Situation unter Beachtung der relevanten Regeln auf das Ziel zusteuern.

Jedes Wahrnehmen führt normalerweise zu Selbstgesprächen, also zu Gedanken. Sie haben oft wertende, meist sogar abwertende Inhalte. („Wie fährt denn der Idiot!?“ – „Das darf doch nicht wahr sein ...!“ – „Das kann doch nicht gut gehen ...!“). Diese Inhalte unserer Gedanken sind von unseren (bisherigen) Erfahrungen und Vorstellungen geprägt. Dabei neigen wir als Menschen dazu, unsere persönliche Sichtweise zu verallgemeinern und sie auf alle anderen Menschen zu übertragen („Jeder vernünftige Mensch muss doch genauso denken ...!“). W i r haben eine Vorstellung, wie „die Welt“, die anderen Menschen, die Umstände ... sein sollten!

Hier setzt „Weisheit“ an: Das mögliche, menschliche Verhalten – lächelnd – zu kennen und sich rechtzeitig darauf einzustellen, ist beim Autofahren zuweilen lebensrettend, in jedem Fall aber aggressionsreduzierend. Wir können lernen, uns in die vielfältig möglichen Gedanken anderer Menschen hinein zu spüren! Niemand (!) ist und denkt genauso wie ich!

Eine egomanische Denkweise (und oft stellt sie eine Arroganz dar) führt dazu, dass aus den Gedanken und Selbstgesprächen belastende Gefühle bzw. Emotionen entstehen – eine innere Gemütsverfassung, die sich gegebenenfalls zum emotionalen Handeln steigern kann. Wir fühlen uns bedroht, beleidigt; empfinden Hilflosigkeit oder Angst. Auch mehrdeutige Gefühle wie Wut oder Verantwortung und Pflichtbewusstsein oder eine diffuse Aggressivität führen zu Anspannung und Stresserleben. (Und schließlich auch dazu, dass man sich am Ende über sich selber ärgert!). Ganz schlimm kann es werden, wenn man starke Zeitnot erlebt und deswegen zu einem erhöhten Fahrrisiko neigt!

Im Allgemeinen führen solche Gefühle beim Autofahren nicht nur zu inneren Veränderungen des Organismus, sondern drängen nach Verhalten bzw. absichtsvoller Handlung: Wir spannen die Muskulatur unwillkürlich an (z.B. die Muskeln des Gas gebenden Beines), bremsen ab, umklammern das Lenkrad fester, fluchen ... Wenn wir an ein Stauende heranfahren, können wir aber auch entspannen, auf die Uhr sehen – unsere Neigung, immer pünktlich zu sein, relativieren und überdenken ... Die Möglichkeiten sind sehr vielfältig – jeder Autofahrer wird aber seine spezifischen Besonderheiten ausgebildet haben. (Wenn man sie nicht kennen sollte/wollte, frage man mal die Partnerin, den Partner oder seine Kinder oder Kollegen ...).

Tatsache ist, dass eine starke Emotionalität die Rationalität einschränkt. Wenn man sich von einem „Vorfahrer“ provoziert fühlt, kann es sein, dass man ihn bei nächst bester Gelegenheit überholt, ausbremst oder gar „schneidet“ – alles ziemlich unsinnige Dinge! Alte „Ur-Instinkte“ (Jagdfieber, Balzgehabe, Territorialverhalten ...) können in solchen „geistschwachen“ Phasen leicht dominant werden und zu einem völlig unvernünftigen Verhalten – zumal bei großer Geschwindigkeit! – führen. Das Auto als „Waffe“ – auch gegen sich selbst.

Auch hier kann eine über die „Vernünftigkeit" hinausgehende „weise" Einstellung sowohl das eigene Befinden als auch die Sicherheit und sogar das Klima auf der Straße verbessern. Ich kann auf dem Parkplatz wie auf der Überholspur Konflikte oder Stresssituationen durch Vor- und Rücksicht verringern, manchmal sogar vermeiden.

Und damit ist der dritte Bereich angesprochen: die jeweils eigene Befindlichkeit. Sie hängt von einer allgemeinen Grundbefindlichkeit ab: Ist ein Mensch eher introvertiert, also in sich ruhend und generell zurückhaltend – oder ist er extrovertiert und ständig „ansprechbar" und leicht erregbar? Das sind aber keine Eigenschaften, die man heranziehen kann, um jedes mögliche Verhalten zu entschuldigen! Es ist für einen kultivierten Menschen möglich, sich, gerade weil er leicht erregbar ist, gedanklich und emotional „im Zaum" zu halten. Oben wurde dargestellt, wie unsere Gedanken unsere Gefühle steuern. Wenn wir andere Gedanken denken können und wollen, werden wir auch andere Gefühle haben und damit auch zu einem anderen Verhalten kommen können. Eine derartige „kognitive Umstrukturierung" (Refraiming) ist eine geistige Leistung, die man sehr wohl einüben kann.

Wenn ich mich – gesundheitlich – gut fühle, nicht in Hetze bin, keine großen Probleme wälze und mich beim Autofahren voll auf das Geschehen konzentriere, kann ich auch viel gelassener mit den Dingen, die ich auf der Straße beobachte und miterlebe, umgehen. Es ist eine neuere Wiederentdeckung uralter „Besinnungstechniken" a c h t s a m mit sich auch in schwierigen Situationen umzugehen. Dazu können dem souveränen Verkehrsteilnehmer einige Überlegungen hilfreich sein:

• Ich nehme das Geschehen wahr und b e w e r t e nicht sofort den oder die Verursacher.

• Ich richte zeitangemessen mein Fahrverhalten so ein, dass ich die Lage nicht verschärfe.

• Ich „staune" (oder lächle!) über das Verhalten der anderen Verkehrsteilnehmer und beobachte, was ihr Verhalten mit mir macht: welche Gefühle entstehen, welche Verhaltensweisen ich am liebsten praktizieren würde ...

und bin damit zufrieden, mich nicht von Emotionen überschwemmen zu lassen. (Etwas selbstgefällig darf man sicherlich auch denken: „Da bin ich aber froh, dass ich so nicht bin!“)

• Ich kann und werde die Situation hinnehmen, wie sie ist! Und ich werde mich ihr – überlegt – (möglichst) so anpassen, dass weder ich noch andere zu Schaden kommen (z.B. nicht zu dicht auffahren!). Jede spontane Reaktion (außer Reflexen und „gelernten Automatismen“) sollte ich verzögern (erst nachdenken!).

• Ich kann und will die Situation und mich (!) von außen betrachten und lächeln. Im Extremfall mich freuen, dass ich noch lebe!

• Ich komme (wieder) in die souveräne Verfassung zurück, wenn ich sie denn einen Moment verloren hätte!

• Ich mache rechtzeitig Pausen und vermeide Hetze – u.a. durch rechtzeitiges Wegfahren.

Der erfahrene Fahrer weiß, dass der Straßenzustand und die jeweilige Verkehrssituation auch Einfluss auf sein Verhalten hat – und gerade deswegen geht er besonders achtsam mit sich um! Wir haben uns längst daran gewöhnt, dass die Mobilität e i n, wenn nicht sogar d a s Kriterium unserer Freizügigkeit ist. Und bei der wohl immer größer (und zum Teil „verrückter“) werdenden Verkehrsdichte auf den Straßen wird es immer bedeutsamer, sich nicht „aus der Fassung“ bringen zu lassen, wenn die Umstände nicht so ideal sind, wie wir sie uns gern vorstellen.

Zusammenfassend könnte man formulieren, dass das „gute“ Autofahren tatsächlich viele Weisheitskriterien erfüllt: Man ist in guter Verfassung, beherrscht den Perspektivwechsel und zeigt empathische Fähigkeiten, bleibt ausgeglichen, gelassen und entspannt, erkennt rechtzeitig mögliche Konflikte und weiß, wie man sich vorbeugend „sicher“ verhält. Es gibt letztlich keine 100%ige Sicherheit. Auch beim Autofahren ist es hilfreich, eine gewisse Selbstdistanz, Selbstkritik und Bescheidenheit zu zeigen. Wir sind unterwegs.

Und vielleicht ist auch zu überlegen, ob es vernünftig ist, alles unreflektiert mit dem Auto zu „erledigen“.

**Was ist denn schon gewiss ...?**

Wir möchten Gewissheiten. Wir haben es gern, wenn wir von Tatsachen berichten und erfahren können. Wir legen uns Theorien zurecht, die „alles" klar und deutlich erklären sollen. Wir sind von unserer Sicht der Welt überzeugt. Unsere Religion ist die einzig richtige. Meine mühsam im Alter gewonnenen Erkenntnisse sind stimmig und erklären, „wie die Welt wirklich" ist. So möchten wir glauben. Das Einzige, was wirklich sicher ist, verdrängen wir oft: dass wir sterben werden. Alles andere ist nicht gesichert. Und es mag sein, dass wir in unserer Wohlstandsgesellschaft unglaublich viele Sicherungssysteme eingebaut haben, weil wir als Sicherheitsfanatiker hoffen, dass wir uns in unserer erlebten Verunsicherung gegen und für alles „ver-sichern" könnten ...

Mögen wir große Anstrengungen unternehmen, unsere materiellen Besitztümer zu schützen, gelingt uns das im ideellen Bereich noch schlechter. Haben wir nicht im Verlauf unseres Lebens  gelernt, wie untauglich viele Vorstellungen und Theorien sind? Jede „Tatsache" und jede Theorie wurde im Verlauf der Zeit revidiert. Und auch die Ideen und Vorstellungen in unseren Köpfen sind anerzogen und können sich ändern. Es ist ein Zeichen von Bildung und Weisheit, wenn man sich immer wieder klar macht, dass alle Theorien und Ideen eben auch in Frage gestellt werden können – und müssen! „Wenn man glaubt, im Besitz der Wahrheit zu sein, sollte man wissen, dass man glaubt, aber nicht glauben, dass man weiß" (J. Lequis). Und: „Vertrauen Sie denen, die nach der Wahrheit suchen, und misstrauen Sie denen, die sie gefunden haben" (A. Gide). Damit wird (das hat Francois Marie Arouet = Voltaire bereits um 1735 so gesehen!) der Zweifel wichtiger als die gedankenlose Vorstellung einer tradierten Gewissheit. Es gibt keine wirklich gesicherten Erkenntnisse. Gesichert ist nur der Zweifel. Nur der Unwissende hält Gewissheiten für ewig gegeben – und signalisiert damit eine intellektuelle Bedürftigkeit: Unwissenheit und Dummheit sind – fraglos – bequeme Haltungen: Wer nicht hinterfragt und ab und zu zweifelt, lebt zuweilen sehr beruhigt – aber eben auch fremdbestimmt, von einem „Glauben" abhängig. Auch mit einer „dressierten Intelligenz" kann man Massen und „Funktionäre" steuern und begeistern, damit der Einzelne möglichst wenig selbständig denkt.

Denken hat als Erkenntnisziel immer die „Wahrheit" oder – besser – die jeweilige Wirklichkeit. Im Denken wollen wir Wahrnehmungen, Erinnerungen und Vorstellungen miteinander in Beziehung setzen, die uns erklären können, wie die Welt ist. Die Ergebnisse des Denkens sollen uns befähigen, Probleme, die wir erkannt haben, zu lösen. Und da wir nicht wirklich in die Zukunft sehen können, müssen wir hinsichtlich der zukünftigen Weltentwicklung (Klima, Bevölkerung, Frieden ...) mit den sich anbietenden Wahrscheinlichkeiten, also mit Unsicherheiten, angemessen umgehen. Denken ist Probehandeln (S. Freud) oder das „Selbstgespräch der Seele" (Plato). Und die höchste Form des Denkens – in der philosophischen Sicht – ist es, Gedachtes anzuzweifeln – und daran nicht zu verzweifeln! Es ist anstrengend, alles zu bezweifeln, und es ist die anstrengende Arbeit des Intellekts, mögliche Handlungen im Vorfeld auf ihre Sinnhaftigkeit und auf ihren wahrscheinlichen Ausgang zu untersuchen.

Es ist ein wesentliches Kriterium der Weisheit, wie man mit Ungewissheit umgeht (Staudinger u.a.). Der Verlauf unseres Lebens ist relativ unbestimmt. Zukunftsentwürfe, Lebensentscheidungen und die Beurteilung von schwierigen Situationen im Leben sind nie frei von Ungewissheit. Nie verfügen wir wirklich über alle möglichen (und wünschenswerten?) Informationen, die einen Prozess/ein Leben beeinflussen können. Weder Gegenwart noch Zukunft sind – zweifelsfrei – völlig plan- oder kontrollierbar. Gutes Urteilen und Entscheiden für das eigene Leben – aber eben auch für wirtschaftliche, politische oder kulturelle Entwicklungen – setzt voraus, dass man als „Experte" die Ungewissheiten des Lebens berücksichtigt. Gerade der kluge, reife, „weise" Mensch wird wissen, dass rückblickende Bewertungen und Erklärungen des Lebens sich im Verlauf der Zeit massiv verändern können und werden. (Übrigens lernen nicht nur Individuen, sondern auch Institutionen und – durch Verknüpfungen – Datenbanken).

Neue Erkenntnisse werden immer auch zu neuen Deutungen führen. Folgende Gesichtspunkte sind für einen weisheitsfundierten Umgang mit Unsicherheit bedeutsam.

*Unerwartetes ist immer möglich*

Die Tatsache, dass immer ein unerwartetes Ereignis eintreten kann, wird anerkannt. Dies können sowohl individuelle Ereignisse wie Krankheit, Verlust, Trennung ... sein – als auch gesellschaftliche Phänomene wie Aufstände, Bankencrash, Krieg, Erdbeben, „Wiedervereinigung"... . Nie reichen die Informationen, die wir in der Vergangenheit und Gegenwart gesammelt und zur Verfügung haben/hätten, dazu aus, solche unvorhergesehenen Ereignisse genau vorherzusagen. Damit einhergeht – in einem weisheitsbasierten Ansatz – eine Unwissenheitstoleranz. Sie besagt, dass wir persönlich wie institutionell nicht wissen, wie die Folgen unseres Handelns oder Nicht-Handelns genau sein werden. Auch hinsichtlich des Handelns Dritter (z.B. der Politik in einem anderen Land ...) können wir keine unbedingt zutreffenden Urteile abgeben. Hochkomplexe, gesellschaftliche Zusammenhänge verlaufen nicht nach „einfachen" Wenn-dann-Schemata ab. Die menschliche Intelligenz, gepaart mit dem gesunden Selbstwertgefühl und „handwerklicher" Kompetenz, ermögliche es, auch und gerade schwierige Situationen handelnd zu begleiten. Führungspersönlichkeiten sind willens und in der Lage, solch eine Unsicherheit über die Folgen ihres möglichen Verhaltens durchzustehen, ohne sich hinterher in Schuldgefühlen zu suhlen.

*Annahmen und Ahnungen*

Es kennzeichnet „weise" Menschen, dass sie sich auf der Basis ihrer Erfahrungen und mithilfe ihrer Phantasie über mögliche oder denkbare Entwicklungen und Ereignisse Gedanken machen und ein – wenn auch rudimentäres – Handlungskonzept haben bzw. rasch erarbeiten können. Es ist für jede Person hilfreich, davon auszugehen, dass in bestimmten Lebensabschnitten und durch unvorhergesehene Ereignisse Entscheidungen getroffen werden müssen, die nicht „das Normale" beschreiben. In Abwägung der situativ besten Entscheidung haben sie sich Rat geholt und entscheiden und handeln dann selbstsicher. Vor dem Handeln sind die Zweifel (s.o.) erörtert und – soweit wie möglich – eliminiert.

Bei diesen beiden Kriterien weisheitsbezogenen Handelns geht es darum, alles was geschieht, in Kontexten zu sehen und für das Handeln klare Prioritäten zu setzen. (Wenn die Forstwirtschaft entscheidet, ein bestimmtes Gebiet als Naturschutzgebiet auszuweisen bzw. neu aufzuforsten, um in 70 bis 100 Jahren dort eine ökologisch erfreuliche Natur vorzufinden, geht sie von der Prämisse aus, dass das, was uns heute wichtig ist, in 70 oder 100 Jahren auch noch wichtig sei. Jeder spürt, wie fragwürdig das ist. Trotzdem muss (?) die Flächennutzung heute geregelt werden.) Im persönlichen Lebensbereich kann man überlegen, was sein wird, wenn eine Berufs- oder Partnerwahl sich nach einer geraumen Zeit als nicht sinnvoll erweisen sollte, oder man legt frühzeitig fest, wo oder wie man im Alter leben oder gar sterben möchte. Hier ein Konzept zu haben, ermöglicht mehr „unsichere Sicherheit“ als das „Irgendwie wird es schon werden“!

*Keine Resignation*

Wir können nicht wissen, was wirklich geschieht. Im Islam legt man „alles“ in Allahs Hand: Inschallah („Wenn Allah will!“). In unserem Kulturkreis und nach unserem heutigen Wissen erscheint es sinnvoll, für „Eventualitäten“ Handlungskonzepte zur Verfügung zu haben. Ein Bergsteiger wird seine Ausrüstung für jedes wahrscheinliche Wetter mitnehmen. Der erfolgreiche Umgang mit Ungewissheit verlangt gerade danach, Planungen, Entscheidungen oder Bewertungen vorzunehmen, um n i c h t resignativ verantwortliches Handeln zu vermeiden. Es kann sein, dass man Entscheidungen bis zum notwendigen Handlungszeitpunkt aufspart – zumal jeder Zeit noch neue Informationen hinzukommen können. Es könnte aber genauso sinnvoll sein – z.B. angesichts eines prognostizierten langen Winters –, Geld für notwendige Maßnahmen in den Haushalt einzustellen, um das Unerwartete (lange, starke Kälte; Stromausfall ...) konstruktiv zu bewältigen, wenn es denn dann eintritt.

Im persönlichen Bereich hat man vielleicht seine Ersparnisse nicht nur als Aktien angelegt, sondern auch in „Betongold“ investiert usw. Für wahrscheinliche Bewegungseinschränkungen kann man sich überlegen, ob das z. Zt. bewohnte Haus das richtige ist ...

*Beratung*

Menschen haben ein gutes Gespür dafür, wem man vertrauen und wen man um Rat fragen kann. Weise Menschen können, wenn sie gefragt sind, Rat geben u n d sie können einen Rat annehmen. Stets müssen/sollten Bewertungen, Entscheidungen und Planungen einer nachführenden Kontrolle unterzogen werden. Einmal getroffene Entscheidungen (z.B. über Organspende oder Patientenverfügung) können sich mit der Zeit anders darstellen. Unter veränderten politischen oder sozialen Umständen ändern sich auch Pläne und Ihre Ausführungen. Hat man dann Ersatz- oder Alternativszenarien parat?

Diese letzten beiden Kriterien verdeutlichen, dass wir Menschen eben nicht nur denken, wenn wir unmittelbar vor einem konkreten Problem stehen, sondern bereits im Vorfeld einer möglichen Schwierigkeit geistig und materiell „vorsorgen“. Die Antizipation des Möglichen ist nicht unmöglich. Es handelt sich hier also eher um Aspekte einer Meta-Ebene. Insofern ist dem klugen Gedanken von J.G. Seume zuzustimmen: „Wenn heute jemand bekennt, dass er sich geirrt hat, so heißt das so viel, dass er heute weiser ist, als er es gestern war. Das sollte billig den Widerwillen mildern, den wir gegen Entschuldigungen und Abbitten haben“.

Wenn man diesen Erkenntnissen folgt, bedeutet das für das tägliche Leben, dass wir gelassen und mit mehr Selbstvertrauen in die Zukunft sehen sollten. Was immer geschieht – wir sind nicht immer „Herr des Geschehens“ –, es wird geschehen. Wir können und müssen uns auf das, was möglicherweise kommen könnte, einstellen. Unsere Kräfte reichen meist, um auch schwierige Situationen angemessen zu meistern. Und im Notfall hat man – hoffentlich – gute Freunde und tüchtige Berater. Das Leben ist „kein Rosengarten“. Der Gang durch die Jahre hat viele Stolperfallen, Abgründe und Dunkelzeiten. Aber es gibt eben auch herrliche Aus- und Überblicke, Erfahrungen, Leistungen, Genüsse und Begegnungen. Wir lieben nicht nur Gewissheiten, sondern lassen uns auch gern überraschen.

## Wo Pausen fehlen, sind die Zeiten schlecht

Jede Erfahrung benötigt Dauer. Wir sollten wahrnehmen, verstehen und erkennen. Es ist nicht die Zahl der Ereignisse, die uns glücklich macht, sondern es ist die Erfahrung der Dauer, die das Leben erfüllt. Mit dem ewigen Gefühl des Gehetztseins, mit der hektischen Kurzfristigkeit, die ja eher eine Unzeitigkeit ist, kann die personale Identität nicht entstehen bzw. sie geht verloren. Diesem heute so oft zu beobachtenden beschleunigten Leben, in dem man möglichst alles (noch) mitnehmen möchte, fehlt die Dauer. Und wer nicht verweilen kann, dem vergeht die Zeit (zu) schnell. Es entsteht die Sorge oder die Angst und Unruhe, nicht (mehr) alles mitzubekommen, nicht überall dazuzugehören ... Erst das kontemplative Verweilen nach einem Erleben macht es zur Erfahrung – und Erfahrung benötigt Dauer. Das ist das Loblied auf die Ruhe-Pause.

Das Schöne erleben wir zwar im Augenblick – aber so richtig bewusst wird uns das Schöne erst im „Nachleuchten", im Nachspüren, in der Wirkung auf unser Befinden. So benötigen auch Erlebnisse eines emotionalen Gedächtnisses Zeit, um nicht auf dem Niveau der Information zu verblassen. Arbeit, Handeln und Tun ohne eine Dimension der Kontemplation lässt alles zum Nur-Funktionieren, zur Nur-Aktivität herabsinken. In dem Moment, in dem man außer Atem ist, ist man auch ohne Geist! Denn noch etwas ist bedeutsam: Wir neigen zwar dazu, sehr realistisch zu sein, aber was wir im Moment wahrnehmen, ist nicht alles, was ist. Es sind auch unsere Anmutungen, die uns spüren lassen: Hier geschieht etwas Großartiges, etwas „Unheimliches", vielleicht sogar etwas „Heiliges", an dem ich teilhabe. Das Bild eines Künstlers, das Cellospiel einer jungen Frau, der stürmische Lauf einer Pferdeherde in freier Wildbahn ... Der Augenblick gehört stets ganz uns! Und man wird den „Geschmack an gutem Leben" verlieren, wenn man solche Momente nicht auskosten kann, um dort einen Moment zu verweilen, wo sich die Sinne und die Seele eben gerade befinden. Mit rabiater Nüchternheit kann man diese Anmutungen auf dem Amboss des Intellekts zerschlagen, indem man „schwatzt".

Schweigen. In sich gehen. Sich selbst als Genießenden erleben. Glück? Als Betrachter und „Erleber" der Welt stelle ich fest, dass alle Möglichkeiten, aber auch alle Begrenzungen in mir selbst liegen. Wo ich für die Erfahrungen, für das Leben offen bin und mich einlassen kann, verwandelt mich das aufgesogene oder eingehauchte Leben. Wir weisen dem Moment, der jetzt gerade ist, eine hohe Bedeutung zu: Wir sagen, nur im Jetzt sei Handeln möglich. Nur im Jetzt gebe es ein Umkehren ... Das stimmt – aber das momentane Erlebnis ist „zeitarm“, punktuell und bleibt fad und unbedeutend, wenn wir es nicht aus dem Augenblick in das Genießen der Dauer heben: Wir müssen das Ereignis einordnen, wirken lassen, und wir benötigen eine gewisse Zeit, es in uns aufzunehmen. Es entsteht eine eigene Wirklichkeit, wenn wir das Geschehen in unseren Gedanken über das bloß Gegenwärtige hinausheben. „Werd ich zum Augenblicke sagen: Verweile doch, Du bist so schön“ (Goethe, Faust I). Unser Gedächtnis ist langsam. Spontane Begeisterung ist erfreulich – aber nicht immer sinnvoll. Sinnvoller ist der abgeklärte Erkenntnisgewinn des Guten, Schönen und Wahren. Wir benötigen oft Erklärungen, um das Ungewöhnliche (z.B. in der Liebe) zu begreifen und zu bewahren. Wir wissen zweierlei: „Alle Lust will Ewigkeit“ (Nietzsche) und: „Alles ist nur Übergang“. Erinnerungen sind die wirklichen Schätze des Alters. Und wir sollten uns von zwei Mythen trennen: von der Unendlichkeitsillusion und der Vollendungsillusion. Zusätzlich falle ich nicht dem Auferstehungsmythos anheim. Selbst bleiben wir auch „unvollendete Kunstwerke“ – trotz aller Wünsche, weise und reif ins Grab zu sinken. Sich in der Zeit, die bleibt, mit dem eigenen Verschwinden und Verklingen abzufinden, beruhigt und gibt der noch möglichen Zeit einen Hauch von Dauer.

Vielleicht muss man älter, reifer geworden sein, um zu erkennen, dass alles Leben ein Maß hat: Der (wirtschaftliche!) Wunsch, alles zu beschleunigen, führt eher zum Gegenteil: Es kommt zu Staus, die alle Bewegung ersticken. Die Bestrebung, „viel mitzunehmen“, führt zur Übersättigung, die ihrerseits wieder zur Lähmung und Überforderung führt. Das Genussprinzip „weniger ist mehr“, wird auf den Kopf gestellt. Erschöpfung, Erstarrung und „Burnout“ sind die Folgen. In der Beschleunigung liegt eine nervöse Unruhe, eine Flucht vor dem Ruhen, die das Leben von „Event zu Event“ schwirren lässt, von einer Möglichkeit zur nächsten; immer mit dem Gefühl, doch ganz viel zu verpassen. Es fehlt dem „schnellen Leben“ an Tiefe, an Richtung, an Beständigkeit. Und man erkennt: Wo sich Ereignisse in rascher Folge ablösen und durchdringen, wo ein hohes Tempo verlangt wird, kann keine Entscheidungs-Entschlossenheit entstehen, weil alles angeblich so gleich wichtig, gleich bedeutend und damit „gleichgültig“ oder willkürlich wird. Man schafft mehr, wenn man weniger tut! Und man wird die Schlacht um die „work-life-balance“ verlieren, wenn man sich nicht zu Pausen bekennt. Eine wesentliche Kunst des Lebens besteht darin, die vielfältigen Möglichkeiten zu erkennen und diese Pluralität sparsam, gekonnt und bescheiden dadurch zu nutzen, dass man auswählt und zum Verzicht bereit ist.

Verhehlen wir aber auch nicht, dass es „leere Zeiten“ gibt, Zeiten, die nicht wirklich gelebt werden; Zeiten in denen man – fremdbestimmt – gelebt wird: stundenlanges Fernsehen, flüchtiges Abknipsen von Naturschönheiten, hektisches Herumflattern von Mensch zu Mensch ... Zeit-Vertreib. Es ist die Zeit, die übrig bleibt, wenn man alles geschafft hat – meistens ist man dann selbst auch „völlig alle“. Es ist der Gegensatz zur „erfüllten Zeit“, und die leere Dauer rumort später als nächtliche Schlaflosigkeit, als Ticken des Weckers.

Die Pause ist ein „Zeitsofa“ (Geißler; S.179), auf dem man zu sich kommen kann. Und im Schweigen konkretisiert sich Weisheit. Wo wir Weisheit entwickeln und pflegen, spüren wir, dass wir mit Begriffen jonglieren, in die wir uns nicht verlieren sollten, die uns auch nicht täuschen sollten. Jenseits aller Begriffe finden wir das Wesentliche: die Natur des Menschen. (So stehen wir auch „nur“ in einer mehr oder weniger stark ausgeprägten Beziehung zu dem, was wir gern „Besitz“ nennen: Wir sind höchstens „Verwalter“ unserer Talente und unserer Güter.) Auch der Begriff der Zeit bleibt lediglich ein Konzept; Die Vergangenheit ist Erinnerung, und die Zukunft bleibt ein flüchtiger Gedanke. Wir fühlen uns lebendig, wenn wir die gegenwärtige Wirklichkeit als Ewigkeit empfinden – und wissen, dass sie es nicht ist!

Ist es nicht eine zutiefst menschliche Aufgabe, die Schöpfung – oder die Ordnung der Dinge, die Natur, das Leben, die Kultur ... –, welche wir aus der Vergangenheit empfangen haben, über die Gegenwart mit Bescheidenheit und Augenmaß in die Zukunft zu führen? Der scheinbare Genuss des Augenblicks kann alles vernichten, zerstören oder das Glück und die Hoffnung vertreiben, wenn wir ihn nicht auch für die Zukunft bewahren wollten.

**GEDANKEN zu *Zeit* und *Dauer***

*Ohne Ruhe vermag ich das Ruhende nicht zu erkennen.*

*Der kürzeste Weg von A nach B ist die Gerade, die Monotonie; die Melodie ist der schöne Umweg. Umwege erhöhen die Ortskenntnis.*

*Zwischen dem „Jetzt-Ist" und dem „Noch-Nicht" spannt sich ein dialektischer Bogen. Immer stehen wir im Übergang zwischen dem Vergangenen und dem Zukünftigen. Aber nur im Jetzt ist Handeln – und Umkehren – möglich. Das momentane Erlebnis (jetzt) ist „zeitarm", punktuell. Die daraus gezogene Erfahrung ist zeitintensiv – und von größerer Dauer.*

*Die Gegenwart ist nur ein Übergangspunkt – sie hat keine eigene Substanz. Nichts ist – alles wird. Der Augenblick ist die einzige Wirklichkeit.*

*Erlebnisse benötigen ein emotionales Gedächtnis, um nicht zur Information zu verkommen.*

*Immer (?) lebt man, als habe man unendlich viel Zeit und wundert sich dann, dass man „plötzlich und unerwartet" zur Un-Zeit ver-endet, statt „anständig" zu sterben.*

*Die hektische Kurzfristigkeit ist eine Unzeitigkeit, weil alles – spontan – gleich gewichtet wird. Das Ergebnis: Man ist in Sorge (Angst und Unruhe), nicht mehr alles mitzubekommen, nicht überall dabei zu sein, nicht überall dazuzugehören.*

*In der Beschleunigung liegt eine nervöse Unruhe, die das Leben von „Event zu Event" schwirren lässt, von einer Möglichkeit zur nächsten – mit dem Gefühl, doch ganz viel verpassen zu können, von einer Möglichkeit zur nächsten – mit dem Gefühl, doch ganz viel verpassen zu können.*

*(Das schnelle Leben ist nicht intensiver, sondern unübersichtlicher, flüchtiger, richtungsloser, hektischer ...).*

*Im Gefühl des Gehetztseins geht die stabile personale Identität verloren. „Alles mitnehmen" bedeutet, ein schnelles, beschleunigtes Leben zu führen. Es fehlt die positive Erfahrung von Dauer. Wer nicht (mehr) verweilen kann, dem vergeht die Zeit (zu) schnell. „Es ist nicht die Anzahl der Ereignisse, sondern die Erfahrung der Dauer, die das Leben erfüllter macht"(Han; S. 40).*

*Die „leere Zeit", das leere Tun (z.B. TV-Konsum) ist das Gegenbild zur erfüllten Zeit (z.B. etwas lesen). Es ist die Zeit, die man „hat", wenn angeblich alles erledigt ist oder wenn man „völlig alle" ist. Leere Dauer ist die nächtliche Schlaflosigkeit, ihr Symptom ist das laute Ticken der Uhr ...*

*Wer schnell lebt – auch wenn er lange lebt –, hat doch nur ein kurzes Leben gelebt.*

*Das erfüllte Leben lässt sich nicht mengentheoretisch erfassen; das gelingende Leben ist nicht nach „Erfolgen" nachrechenbar ... Auch eine Erzählung besteht nicht aus Zählen und Aufzählen von Ereignissen (es wäre ein Bericht); sie nährt sich von einem „Geist" mit Sinn und der Ahnung eines Ideals.*

*Es besteht immer die Gefahr, dass z.B. die Folgen der Akzeleration (Beschleunigung bei zunehmender Güte des Produkts) durch Übersättigung in das Gegenteil umschlagen: Es kommt zu Staus; jede Bewegung erstickt. Eine zu geringe Beschleunigung ist genauso „tödlich" wie eine zu schnelle: Erstarrung durch Überforderung und Stillstand als Folge zu großer Dichte.*

*Wo sich Ereignisse in rascher Folge ablösen und durchdringen, entsteht keine Entschlossenheit zum Abschluss. Wenn nicht Vorrang vor dem Anderen besteht, herrschen Willkür und Gleichgültigkeit.*

*Wenn es wirklich etwas ganz Wichtiges gibt (einen „heiligen Gral"), dann ist es die Beziehung zu anderen Menschen. Wer nicht innehalten kann, ist vom Zugang zu anderen abgeschnitten. Wir benötigen (neue) Erfahrungen; nur sie unterbrechen die ständige Wiederholung des ewig Gleichen.*

*Was wir wirklich benötigen, um glücklich sein zu können, ist, uns für etwas zu begeistern. Es ist nicht die Erklärung, sondern das Erleben, was das Leben (die Liebe) so ungewöhnlich schön macht.*

*Wenn man das Gefühl hat – vorübergehend –, dass es zu diesem Ort, zu dieser Aufgabe, zu diesem Augenblick keine Alternative gibt, dann ist man „angekommen."*

*Das, was ist, bzw. was du wahrnimmst, ist nicht alles, was ist. Zuweilen spürst du es: Du bist an einem „heiligen Ort".*
*Und plötzlich weißt du: Es ist Zeit, etwas Neues zu beginnen und dem Zauber des Anfangs zu vertrauen (Meister Eckhart).*

*Der „unmittelbare Genuss" ist eher ungewöhnlich. Wir müssen erst einmal das Ereignis wahrnehmen und einordnen ... Da schwingt das Schöne und will Dauer, diese ist aber im Moment des Erlebens nicht möglich. Es ist das „Nachleuchten", sozusagen eine Phosphoreszenz der Dinge. Das kontemplative Verweilen nach dem Eindruck macht das Erleben zur Erfahrung. Und Erfahrung benötigt Dauer.*

*Wir nehmen „das Schöne" wahr – in einem langen, kontemplativen Blick unter Wahrung einer respektvollen Distanz; denn in der Nähe könnten wir uns verlieren/vergessen. Nähe kann/wird auch durch Distanz entstehen.*

*Die Überfälle der möglichen Gedanken und Worte blockieren den Weg, sie mitzuteilen.*

*Arbeit und Handeln ohne kontemplative Dimension lässt jedes Tun zur Nur-Aktivität herabsinken.*

*In dem Moment, in dem du außer Atem bist, bist du auch ohne Geist.*

*Menschen sind kreativ, wenn man sie nicht ständig zwingt, kreativ zu sein.*

*Wo Pausen fehlen, sind die Zeiten schlecht!*

Als „Betrachter der Welt" stelle ich fest, dass alle Begrenzung letztlich nur in mir liegt. Wo ich offen bin und „das Leben" in mich hineinlasse, werde ich das „eingehauchte" Leben in mir verwandeln, aufsteigen lassen und – verändert – wieder von mir geben.

(Diese Gedanken sind in Anlehnung an Karlheinz A. Geißler und Byung-Chul Han entstanden und formuliert worden; vgl. Literaturverzeichnis.)

**Abschiede**

Als Kind hortet man kleine Schätze und sagt: „Das ist meins!“ Besitz stiftet Identität: Wir bestimmen als junge Menschen oft unseren Wert daran, was wir haben und was wir können. Wir horten und umgeben uns mit Sachen und Menschen, die uns etwas bedeuten. Hat sich im Erwachsenenalter die Persönlichkeit stabilisiert, spüren wir, dass immer weniger „nötig“ ist, um sich als Person in der Welt wohl zu fühlen. Und es scheint eine Kunst zu sein, die besonders – aber nicht ausschließlich – den Älteren vorbehalten ist, sich von Überflüssigem zu trennen, etwas herzugeben oder nicht (mehr) zu benötigen. Abschied nehmen kann eingeübt werden. „Nimm Abschied und gesunde ...“, sagt der Dichter Hermann Hesse in seinem Gedicht „Stufen“.

Abschiede sind alltäglich – ein Leben lang. Loslassen ist ein existenzieller Prozess aller Menschen: von der Geburt (Ent-Bindung) bis zum Tod (Abschied nehmen). Abschiede und „Trennungen“ gehören zu den prägnantesten Erlebnissen, die wir als Menschen erfahren und doch zuweilen nicht verstehen und dadurch „fürchten“.

Alles, was uns begegnet, hatte einen Anfang und hat ein Ende. Oft können wir uns nicht an das Beginnen einer Geschichte, einer Entwicklung oder einer Lebensfreundschaft erinnern – aber fast immer sind uns die „Beendigungen“ gegenwärtig. Und in den allermeisten Fällen ist das Ende eines Prozesses nicht besonders leicht zu ertragen. In unserem Kulturkreis haben wir an die Übergänge Rituale etabliert: Wir „feiern“ den Wechsel in eine andere Zeit und nehmen Abschied vom Gewesenen. Ob wir die Schule beenden, eine Ausbildung oder unser „Junggesellendasein“, ob eine lange Reise zu Ende geht oder eine jahrelange Freundschaft, ob ein Neugeborenes in die Familie tritt oder aber der Tod eines Angehörigen ... immer geben uns Rituale eine gewisse Struktur vor, die uns dieses Ereignis verschönern, bedeuten oder erleichtern soll.

In unserer globalisierten, westliche Kultur kommt eine Tatsache hinzu: die „Haben-Mentalität“ (Fromm). Die Existenzweise des Habens bezüglich der

Welt ist die des Besitzergreifen- und Besitzen-Wollens; eine Beziehung, in der ich jedermann und alles, mich selbst eingeschlossen, zu meinem „Besitz“ machen und in meine Verfügbarkeit pressen möchte. Dabei geht es nicht nur um materielle Güter, sondern auch um Ideen, Überzeugungen und Gewohnheiten. Haben sich die „Frühmenschen“ in ihrer erlebten Lebens-Unsicherheit an Götzen- und Götterglauben geklammert, neigt der „Neumensch“ dazu, seine persönliche Freiheit aufzugeben und gegen eine „gesteuerte Abhängigkeit von anderen“ (Interview mit Baltes) und von Besitz einzutauschen. Es ist ein Paradox: Die sklavische Übernahme von Regeln und Dogmen befreit von Verantwortung und der „Pflicht“, umzukehren, wenn man das Gefühl hat, sich verlaufen zu haben! Nun ist die feste Überzeugung Fromms, dass der Mensch für sein Leben voll verantwortlich sei, auch ein Dogma – und ein schwieriges dazu!

In unserer gewinnorientierten (Wirtschafts-)Welt erleben wir verantwortungslose Habgier, die zwangsläufig zu Antagonismus und Kampf führt: Erlebte Zeitknappheit und das Empfinden des ständigen Gehetztseins, fehlende Gelassenheit, die Vielfältigkeit der Möglichkeiten und Gelegenheiten, aber auch die ständig suggerierte Unzufriedenheit (die man durch „Konsum“ angeblich stillen könne: „Kaufe jetzt und zahle später!“) verunsichern bereits Jugendliche. Mangelnde positive (Männer-)Vorbilder, eine in vielen Fällen orientierungslose Erziehung und die stark medial gesteuerte Informationsverdummung behindern die Entwicklung eines eigenständigen „Charakters“. Der Wohlstand verführt uns alle dazu, den Bestand und Besitz zu wahren (und zu „vergöttern“, denn Besitz sichert Status!) – nur nicht hergeben, teilen, aufgeben. Verluste werden als doppelt so unglücklich erlebt, wie Gewinne glücklich machen! Jede Berufssparte kämpft um ihre Pfründe ... Zugleich suchen wir das „Gefühl des Einsseins – mit unseren Mitmenschen und der Natur“ (Fromm; S. 106), das vor allem als Hauptantriebsfeder des Bedürfnisses, sich anzupassen, gilt.

„Die Angst, zum Außenseiter zu werden, ist noch größer als die Angst vor dem Tode“ (Fromm; S. 106). Wir sind auf Bindung programmiert, und die Erlösung finden wir durch die Überwindung der Vereinzelung im Gefühl des Angenommen-Seins. (Was sich besonders auch in der Sexualität niederschlägt).

Zugleich, so spüre ich das, wächst die Sehnsucht nach Auszeiten, Ruhe, Nichtstun und Kontemplation. (Für solche Kurse zahlen Manager in stummen Klöstern viel Geld! Endlich wollen sie mal offline gehen, das Gehirn auf Leerlaufnetzwerke schalten!). Die Komplexität aller Prozesse treibt die Menschen (auch eigentlich „vernünftige"!) einerseits dazu, sich nach Innen zu kehren, und andererseits dazu, sich mentalen Haltungen und Lehren der antiken Weisheitsschulen anzunähern. Auch Erkenntnisse aus uralten asiatischen Klostergemeinschaften sollen möglichst in Form von Instantrezepten in Kurzkursen eingeübt (und dann häufig „weiterverkauft") werden. (Seneca für Gestresste; Schiller für Eilige; Kuren mit Epikur; tibetanische Meditation im Sonderangebot; den buddhistisch-taoistisch-tantrischen Heilsweg für „Westler" im Wochenendkurs ...).

Als Sozialwissenschaftler wissen wir um die Kontextbestimmtheit jeden Verhaltens: In vielen Fällen sind „die Umstände" für ein Verhalten bedeutsamer als die moralische Einstellung des Handelnden, z.B. bei jugendlichen Straftätern, Bystandern, beim Panikverhalten ... Gruppendynamische Aspekte spielen eine große Rolle. Es kommt also wohl immer auch darauf an, was andere tun oder lassen, was Freunde und „Vorbilder" tragen oder gut finden ... Wie ist das alles zu erklären?

Ich spüre, dass ich die (omnipotente) Meinung eines altgewordenen Psychologen, alles menschliche Verhalten rational erklären zu wollen oder zu können, loslassen muss! (Können wir wirklich „Kinderphantasien" erklären? Oder: Wie kommt es, dass Psychotiker Stimmen hören, und welche Bedeutung haben sie? Warum sind Bank-Manager angeblich so geldgierig, obwohl sie doch bereits so viel verdienen? Sterbende berichten, dass sie „hinter den Horizont schauen" können. Ist so etwas wissenschaftlich erklärbar? ...) Es ist wohl n i c h t alles erklärbar!

Erich Fromms Hinweise werden, wenn es um die Seins-Mentalität geht, merkwürdig abstrakt und sind meines Erachtens von „gedanklicher Blässe" gekennzeichnet. Im Kapitel: „Was ist der Seins-Modus?" (S. 89 ff) schreibt er: *„Sein* bezieht sich auf Erlebnisse, und diese sind im Prinzip nicht beschreibbar".

Oder: „ Meine Charakterstruktur, die wirkliche Motivation meines Verhaltens, stellt mein wahres Sein dar“ (S. 98). Und: „Zum *Sein* gelangt man, wenn man durch die Oberfläche vordringt und Einsicht in die Realität gewinnt“ (S. 101).

Realität. Dies ist und war mein Ansatzpunkt in meinem Leben und in der Therapie (vgl. u.a. Glaser: Realitätstherapie). Aber: Was ist d i e Realität? Es gibt sie in vielfacher Hinsicht: biologisch, materiell, juristisch, machtpolitisch, geologisch, klimatisch ... Die Lebensleistung des Menschen (als Spezies wie als Individuum) besteht eben darin, sich s o w o h l der Realität anzupassen, a l s a u c h sie zu beeinflussen und zu verändern. Und hier greift das Thema: „LOSLASSEN“. Ich kann etwas loslassen, indem ich es fallen lasse – ich kann aber auch etwas loslassen, indem ich die Hand öffne und „den Besitz“ in der offenen Hand liegen lasse ...

Vielleicht ist es eine Frage des Alters oder der Reife (das muss nicht konform gehen!), dass wir erkennen (können), dass alle Talente, Besitztümer, Ideen, Sicherheiten, Gedanken, Phantasien, Vorstellungen ... und unser Leben selbst nur vorübergehend sind. Das Erkennen der Werte-Relativität ist eines der „Weisheitskriterien“. Den Tieren scheint die Bewusstheit ihres möglichen Todes nicht gegeben zu sein; des Menschen Bewusstheit seiner Sterblichkeit unterscheidet uns von ihnen – und in der Todesgewissheit relativiert sich alles! (Aus dem gewerkschaftlichen Spruch: „Hast du was, bist du was!“, wurde nach Marx: „Das Sein schafft das Bewusstsein“; und heute sagen wir wieder mit Hamlet: „Sein oder Nicht-Sein“...).

Das (gute) Leben scheint schwierig zu sein. Das naive Kind fragt nicht nach Sinn, kennt keine Theorien vom „richtigen Leben“, weiß nichts von der später immer wieder (beim Intellektuellen?) aufbrandenden plötzlichen Unruhe, die gekennzeichnet ist durch die Hoffnung des möglichen Gelingens und dem wahrscheinlichen Risiko des Scheiterns. Nicht in den Absichten, schon gar nicht in den Scheiterungsbegründungen, liegt die Reife und der Sinn des Lebens – sondern allein im Bestehen des unausweichlichen, gegenwärtigen und sehr konkreten Lebens, eben der R e a l i t ä t. Das Ertragen der Ambiguität von „Überzeugungs-Sicherheiten“ und der „Zweifelswahrscheinlichkeit“ ist e i n Zeichen von seelischer Reife.

Wir „besitzen“ Wissen und Können. Das glauben wir zumindest – und das möchten wir glauben! Wenn da nicht die Vorstellung wäre, dass alles geistgesteuert sei – und wir letztlich n i c h t erklären können, was Geist wirklich ist. Das B e w u s s t s e i n lässt uns den Arm heben, lässt uns Worte sprechen oder verbietet uns, Unvernünftiges zu tun ... Und zugleich werden Millionen Vorgänge in uns gesteuert, ohne dass wir sie wirklich erkennen oder beeinflussen können! Trotzdem verfügen wir über Kenntnisse und glauben etwas für unsere Lebens-Sicherheit zu tun. Wir haben uns „eingerichtet“ und möchten uns wohl fühlen. Frei nach Sheldon B. Kopp: „Die Sicherheit des bekannten Elendes ist (uns) lieber als die gewohnte Blöße der Ungewissheit“. Wir haben unsere Überzeugungen und fühlen uns berechtigt, sie anderen anzubieten oder gar aufzudrängen. Wir sind von Werten geleitet, die uns oft wenig bewusst sind und kaum mit den uns wichtigen Menschen diskutiert und ggf. verändert (eben angepasst) werden. Wir „funktionieren“ und wachen oft erst auf, wenn es „zu spät“ oder zumindest sehr spät ist. Wir werden oft gelebt und verpassen dann unser eigenes Leben. (Diese Verallgemeinerungen von „wir“ und „der Mensch“ haben immer einen leicht anrüchig-marxistischen Duktus; sie nivellieren die hohe Plastizität des Menschen!).

Um in die Lebenspraxis hinein zu steigen, will ich – in nicht gewichteter Reihenfolge und nicht mit dem Anspruch von Vollständigkeit – benennen, wovon wir uns lösen können, um zu „gesunden“. (Dahinter steht unausgesprochen die Ansicht, dass Festhalten, Bewahren, Besitzen ... eine „Krankheit“ ist ...).

Es scheint so, als wäre der traurigste Abschied jener von geliebten Menschen. Schon ganz früh im Leben sind wir mit dem Phänomen des Abschiednehmens für immer konfrontiert: Einem kleinen Mädchen stirbt der Goldhamster, die Zierfische des Opas gehen ein, ein Baum vor dem Haus muss gefällt werden, weil er morsch ist. Die geliebte Großmutter stirbt, in den Nachrichten hört und sieht man, dass Soldaten in einem fernen Land gestorben sind. In den Krimis und Theaterstücken wimmelt es von Meuchelmördern und Todesinszenierungen. Selbst in den Märchen und bei heutigen Jugendlichen in den Video-Spielen ist der Tod allgegenwärtig.

Wir vergessen, dass Menschen einander nicht gehören, dass niemand Besitzansprüche auf einen Menschen haben kann. Wir gehen – im guten Fall –

ein Stück Lebensweg gemeinsam, um uns, in welcher Verfassung auch immer, rechtzeitig (?) voneinander zu verabschieden. Unterwegssein bedeutet immer wieder Abschied. Mütter geben bei der Geburt ihr Kind „frei", Pubertierende befreien sich aus den elterlichen Zwängen, Liebespartnerschaften sind gekennzeichnet durch eine gute Balance von Nähe und Distanz ... Wir müssen Eltern und Freunde „hergeben". Freundschaften können sich ausleben, Geschäftspartnerschaften zerbrechen und Familienbande zerreißen ... Manche Trennungen stellen auch Befreiungen dar. Ein Spötter würde sagen: *Abschied ist die oft innigste Form menschlichen Zusammenseins!*

Die Tragik eines (immer zu frühen?) Verlusts liegt nicht allein im Verlust, sondern in der Enttäuschung, die man erfährt: Es „darf" nach unserer (unrealistischen!) Vorstellung nicht sein, dass ein geliebter Mensch vorzeitig geht! Aber wann ist die „richtige" Zeit? Bedeutsam (auch psychotherapeutisch) ist ja wohl, dass es nach dem (plötzlichen?) Verlust oder nach der Trennung ein (Weiter-)Leben geben kann und muss. Das Leben ist dann a n d e r s – aber nicht unbedingt ärmer! Kann man das „Einüben"? Ja! Die Möglichkeit und Wahrscheinlichkeit, einen geliebten Menschen (wir glauben immer: vorzeitig!) zu verlieren, sollte uns die Zeit, die wir noch mit ihm zusammen sein können, zum Geschenk werden lassen. Wir verlieren auch Freunde, müssen uns von Berufswünschen trennen, geben im Verlauf des Lebens manch einen Traum auf, und jede Krankheit macht uns deutlich, dass „es" auch ganz anders sein kann. Die Wunde der Sterblichkeit ist uns allen immanent. Unsere Existenz, zumindest das, was man davon von außen sieht, wird zunehmend vom Wurm der Vergänglichkeit angefressen. Aber nur zu gern verdrängen wir die lähmende Angst vor dem Tod, weil wir in seinem Angesicht meist nicht leben wollen. Es ist wohl ein Stück Lebensklugheit, wenn man zwischen Ankunft und Aufbruch doch immer wieder neu bei sich ankommt – und sich auch immer wieder verwandelt!

D a s Ereignis, das uns allen widerfahren wird und das wir wohl am meisten fürchten (und verdrängen), ist unser eigenes Sterben. Im Alter, auch durch das Ausscheiden aus dem Beruf, wird uns deutlich, dass nun irgendwann die Uhr abgelaufen sein wird. Weisheitsbezogenes Wissen hat stets den Tod im Blick.

Cicero schreibt: „Philosophieren heißt, sich auf den Tod vorzubereiten". Der Gedanke an den eigenen Tod mag das Leben erschweren, aber nur die Idee vom eigenen Tod macht das Leben wirklich lebenswert. Das physische Ende stürzt uns möglicherweise in ein Nichts – aber das Wissen um den Tod rettet uns den Sinn für die noch verbleibende Lebenszeit. Liegt nicht ein Schlüssel zur Weisheit in der gedanklichen und praktischen Bewältigung dieses fundamentalen menschlichen Traumas – der unausweichlichen Tatsache der eigenen Vergänglichkeit? Und wenn wir schon „das Ungeheuerliche" nicht vermeiden können, sollten wir es auch nicht vermeiden wollen – uns also dem Phänomen offen und direkt stellen. Dem Sterben in schonender Ehrlichkeit und mit dankbarer Gewissheit entgegentreten; vielleicht eher mit einem Empfinden der Neugier als der Angst?

Man kann Sterben vielleicht verstehen, es im Kopf begreifen – aber es ist etwas anderes, wenn man das Sterben eines Menschen mit-fühlt. Das ist eine völlig andere Ebene des Erlebens und Begreifens. Wer mit Herz u n d Verstand das Sterben eines geliebten Menschen mit-erlebt und erleidet, hat eine Grenze überschritten, hinter die er nicht mehr zurücktreten kann. Es ist, als wäre die Welt nach solch einem Ereignis eine andere geworden. Und man selbst ist von diesem Moment an ebenfalls verändert.

Was genau verursacht diese Angst vor dem Sterben? (Diese Angst ist oft größer als jene vor dem Totsein!). Was ist das wirklich Erschreckende? Diese Fragen muss sich jeder selbst beantworten. Sind es die möglichen Schmerzen? Ist es der völlige Verlust von all dem, was man „hatte und war"? Ist es die totale Ungewissheit über das, was danach sein wird? Hatten wir die Phantasie vom ewigen Leben? Tun einem die Hinterbliebenen leid? Möchte man niemandem Kummer machen?

Es ist durchaus eine Überlegung wert, darüber nachzusinnen, was denn der Unterschied zwischen der Trauer ist, die ich empfinde, wenn ein mir naher Mensch stirbt oder gestorben ist – oder wenn ich an meinen eigenen Tod denke. Wir trauern um den Verstorbenen, weil wir ... Ja, warum? Weil er nun nicht mehr da ist? Weil seine direkten Angehörigen so großen Schmerz empfinden? Weil ich nun ohne diesen Menschen auskommen muss? Weil uns nun ein Stück gemeinsamer Vergangenheit verloren gegangen ist? Weil dieser Tod auch eine „traurige Erleichterung“ ist? Weil sein Tod mich an meinen eigenen gemahnt? Und ich daran nicht erinnert werden will? Weil ... Es wird noch viele andere Gründe geben.

Denke ich aber an den eigenen Tod, leiten mich wohl andere Gedanken. Wir sind möglicherweise enttäuscht, dass es nicht mehr so weitergeht, wie wir es erhofft haben? Wir verlieren den Bezug zu dieser schönen Welt und zu dem uns Liebgewordenen? Wir hatten doch noch so viel vor! Wird man uns vergessen? Endet unser Leben zu früh? Wollten wir nicht „dringend“ noch etwas Wichtiges erledigen und beenden? (Und hatten wir nicht eigentlich erst gerade richtig begonnen, wirklich zu leben!)?

Vielleicht haben wir bereits am Bett eines Sterbenden gesessen und miterlebt, wie diese einsamste Erfahrung des Lebens ohne wirkliche Einwirkungsmöglichkeiten abläuft. Es geschieht. Der Sterbende verändert sich oft in den letzten Tagen seines Lebens massiv. Er zieht sich zurück. Aber wir spüren auch, dass die Einsamkeit in diesen Stunden das Schwierigste ist – wir wollen nicht einsam, ohne menschliche Nähe und Trost sterben!

Und es gibt eine weitere Angst: jene vor einem kollektiven Tod, vor einer Natur- oder Technik-Katastrophe. Vor dem massenhaften Tod, wie er uns in Panik-Filmen immer mal wieder vorgeführt wird. Der mögliche Strahlentod, gegen den man – wenn es soweit ist – nichts machen kann, führt zu latenter Ängstlichkeit und hält uns in einer ständigen unterschwelligen Alarmbereitschaft.

Unsere Ängste sind in den allermeisten Fällen irrational und entbehren oft der teilhabenden Erfahrung. Zugleich bleibt unbeschreiblich, unerklärbar, nicht einmal vorstellbar, was sein wird und was uns im „Jenseits“ der Lebensgrenze erwartet. Ist es ein Nichts? Kann man sich ein Nichts vorstellen? Wohl kaum. Und es sind schöne Hoffnungen, die wir uns machen (lassen), dadurch, dass wir „dort“ das finden werden, was uns hier nicht wirklich beschieden war: ein Idealzustand des Seins im Verbund mit allen lieben Menschen, die man weltlich verloren glaubte. Der Glaube als der große Tröster.

Was kann der lebenskluge Mensch tun, um mit diesem Phänomen angemessen und rechtzeitig umzugehen?

• Er wird dem Thema Tod und Sterben weder praktisch-intellektuell noch spirituell ausweichen. Es macht Sinn, sich ganz speziell auch mit dem eigenen Tod zu beschäftigen – nicht permanent, aber immer mal wieder, wenn sich Anlässe bieten. Dadurch wird der Tod als Faktum anerkannt und benannt. Er gehört zum täglichen Leben.

• Die einem nahe stehenden Menschen werden in dieses Thema mit hinein genommen – jeder hat dazu seine Vorstellungen; und diese gilt es, aufeinander abzustimmen. Dabei wird auffallen, dass die Vorstellungen doch sehr unterschiedlich sein können und auch sein dürfen. Im fairen Dialog wird man sich darum bemühen müssen, dass jeder seine Vorstellung leben und auf das Phänomen Sterben anwenden darf. Zu den einem nahe stehenden Menschen sollte auch der Hausarzt zählen – evtl. ein Notar und ein (jüngerer?) Freund.

• Alle „technischen" Formalitäten sind gut abgesprochen und niedergeschrieben, wie hinterlegt. Von der Verfügung über eine mögliche Organspende, die Patientenverfügung bis hin zum (immer wieder aktualisierten) Testament sind die Wünsche und Verfügungen notiert und an einem den Angehörigen bekannten und zugänglichen Platz niedergelegt. Eine Adressenliste für Benachrichtigungen ist vorbereitet; Vereine, Banken, der ehemalige Arbeitgeber, Krankenkassen, Zeitschriften-Abonnements usw. sind genannt und können sofort nach dem Ableben informiert werden.

• Das „Einüben ins Loslassen" ist eine Altersaufgabe. Das Weggeben von Überflüssigem kann gar nicht früh genug beginnen: Kleider, Bücher, Möbel, Sammlungen, Geschirr ... eben alles, was sich so im Verlauf des Lebens angesammelt hat, sollte stark reduziert werden. Dafür gibt es neben Privatpersonen (Kinder?) auch Organisationen (Rotes Kreuz) und kommerzielle „Entrümpler". Manch ein Flohmarkt lebt von den Hinterlassenschaften älterer Bürger. In jeder Gemeinde gibt es Auskünfte darüber, was man mit dem, was man weggeben möchte, anfangen kann. Es ist eine besondere „Lehre", wenn man erfahren muss, dass manch ein Stück, das einem jahrelang etwas Besonderes bedeutet hat, niemand haben will ...

• Es ist – nicht nur für Hinterbliebene – hilfreich, sich relativ klare Vorstellungen darüber zu machen (und diese zu formulieren), wie man sich sein „Abschiednehmen“ wünscht. Hat man Wünsche hinsichtlich des Sterbe-Ortes? Wer soll – nach Möglichkeit – dabei sein? (Kann man besonders vertraute Personen bitten, Begleiter in dieser letzten Lebensphase zu sein?) Soll es eine Beerdigung geben? In welcher Form? Soll es eine „Leichenfeier“ geben? Anzeigen? Texte? Grabstein? Welche „Spuren“ möchte man – bei wem? – hinterlassen? Usw. Bei jeder Beerdigung im Bekanntenkreis kann man sich diesen Katalog der Möglichkeiten aktuell ansehen und überdenken. Es sollte mit den Angehörigen ein klares Vorgehen vereinbart werden.

• Ist es evtl. sinnvoll, Abschiedsbriefe vorzuformulieren? Sind irgendwelche Dinge mit bestimmten Menschen noch zu klären? Hat man seine „Schulden“ (in einem weiteren Sinn) beglichen? Kann man sich, gegebenenfalls gesprächsweise über einen Psychotherapeuten oder Seelsorger von belastenden Ereignissen aus der zurückliegenden Biographie entlasten?

• Im Vorfeld des eigentlichen Sterbeprozesses hat sich als hilfreich erwiesen, wenn man sich sowohl um Sterbende als auch um deren Angehörige kümmert. Das Thema Tod sollte kein Tabu-Thema unter reifen Menschen sein. So kann man auch mit dem Ehepartner darüber sprechen, was er/sie tun soll, wenn man nicht mehr lebt – welche Dinge geregelt werden müssen, wie z.B. die Heizung programmiert wird oder die Rechnungen bezahlt werden sollen ... Auch das ist ein Beitrag dazu, das Leid der Hinterbliebenen etwas zu mildern.

• Man kann sich auch mental immer wieder deutlich machen, dass man würdevoll sterben möchte: nicht als „Bettler“ oder „Feilscher“, sondern als dankbarer Mensch, der bereit ist zu gehen. Man kann sich klar machen, dass es eine Zeit geben wird, zu der es keinen Sinn mehr macht, sich krampfhaft und schmerzvoll ans Leben zu klammern (vgl. Kasten am Ende des Kapitels). Für Angehörige und Freunde als „Lehrer des Sterbens“ zu fungieren, mag ein letzter Dienst an ihnen sein.

Wer gelernt hat, achtsam mit sich und der Welt umzugehen, wird auch in dieser letzten bewussten Phase gut mit sich umgehen wollen. Und dabei hilft uns die moderne Medizin, die palliativ den Mantel der Wärme und des Schutzes um den Sterbenden legen wird.

Die geistige Bereitschaft, dann auch wirklich zu gehen, wenn es Zeit ist (Nietzsche: „Stirb zur rechten Zeit!“), hat etwas Befreiendes. Angst kann in der Sterbephase – zumindest theoretisch – in Neugier gewandelt werden. Und gottesfürchtige Menschen dürfen sich auf „den Himmel“ freuen.

Es gibt kein „Patentrezept“, was das eigene Sterben leichter macht. Es ist aber sicherlich hilfreich, wenn man als reifer Mensch diesem Phänomen mit wachen Sinnen und großer Bewusstheit begegnet. Vor allem wird die Beschäftigung mit dem Thema Sterben eine positive Wirkung auf die verbleibende Lebenszeit haben: dankbar und voller Freude die kleinen und großen Ereignisse des Alltags zu genießen. Und vielleicht wird dem lebensklugen Menschen in der Konfrontation mit seinem möglichen Ende auch wieder bewusst, dass er sich nicht so wichtig nehmen sollte!

Es gibt aber auch weitere „Abschiede“, die schwer fallen ...

Wir können und müssen manch eine Idee über Bord werfen. Wenn wir überhaupt (Lebens-)Pläne haben, wünschen wir uns insgeheim, dass sie geradlinig zum erhofften (oft utopischen) Ziel führen. In den meisten Fällen entwickeln sich aber Wege und Vorstellungen mit einer gewissen Eigendynamik – und in einem ständigen Wechselspiel zwischen (unpräzisem) Anpeilen und Verfehlen, von Richtung und Abweichung, von Werden und Vergehen ... kann die Erkenntnis der Verbitterung wachsen, dass man selbst zu den unerfreulichen Entwicklungen beigetragen hat ... („Verbitterungskrankheit“). Wir müssen die Idee überwinden, alles im Leben, in unserer Biographie beeinflussen zu können. Wir sind nicht immer und zu jeder Zeit „Herr im eigenen Haus“ (Freud). Es ist auch (alters-)gefährlich, anzunehmen, meine berufliche (gute) Stellung sei gleichbedeutend mit der Bedeutsamkeit meiner Persönlichkeit. Die Distanz zum „Lebenswerk“ wird im Alter in Lächeleinheiten gemessen.

Wir können und müssen Abschied nehmen von der Vorstellung, man könne es „nach ganz oben schaffen“ (Karriere), man müsse es nur wollen und sich anstrengen! Die meisten Künstler/Sportler ... kommen nicht an die (Welt-)Spitze. Wenn es gut geht, werden sie Lebenskünstler. Es gehört Demut und Bescheidenheit dazu, anzuerkennen, dass man vielleicht ja doch nur „Durchschnitt“ ist.

Mit anderen Menschen gelassen umzugehen, setzt u.a. voraus, dass man sie so lassen kann, wie sie sind. Die irrige Meinung, dass wir unsere Partner „erziehen“ könnten, dass wir unsere Kollegen/Kolleginnen dazu bringen könnten, e n d l i c h so zu sein, wie wir sie gern hätten, ist eine Quelle ständiger Unzufriedenheit und letztlich von wechselseitigen Kränkungen geprägt. Gerade mit den Menschen, die uns am nächsten stehen, die uns eigentlich am liebsten sind, haben wir oft den meisten Streit, weil wir sie in das Korsett unserer Erwartungen pressen wollen (vgl. die vielen Missverständnisse bei der Sexualität!). Wir scheinen in einer älteren Partnerschaft die Toleranz für die früher so interessanten Unterschiede zu verlieren. „Die Partner bieten sich wechselseitig den Beziehungsrahmen an, in dem sie sich entfalten können ... Daraus kann sich allerdings eine ungleiche Verteilung von Macht und Einfluss ergeben .... pädagogische Übergriffe, Überidentifikation ... Doch die damit verbundene Störung der Balance von Macht und Einfluss in der Beziehung veranlasst den Hilfeempfänger zu Abgrenzung und Widerstand ... Man muss das Getrenntbleiben von den Interessen des Partners akzeptieren können und seine Autonomie und Selbstverantwortung respektieren.“ So beschreibt Jürg Willi in „Psychologie der Liebe“ (S. 45) das, was er mit Kollusion bezeichnet. Diese „geheimen Einverständnisse“, das unbewusste gemeinsame Grundmotiv gerade bei Partnern umschreibt er mit der Vorstellung der „Liebe als Einssein“: Man sucht den Partner, der das mitbringt, was einem selber fehlt – z.B. Durchsetzungsfähigkeit– um nach geraumer Zeit festzustellen, dass der Partner sich in der Tat nun auch durchsetzt, was den anderen in dessen Durchsetzungsmangel weiter schwächt. Ein Teufelskreis ...

Es ist die Kunst guter Kommunikation, den anderen mit seinen Interessen und Bedürfnissen zum Thema zu machen, n i c h t sich selbst und die eigenen „Heldentaten“ (vgl. Buchmann/Frey-Luxemburger). Wir sind auf soziale Resonanz angewiesen – alle! Es fällt vielen Menschen schwer zu glauben, dass „ihre Geschichte“ für das Gegenüber nicht besonders interessant ist ... In der Psychotherapie hat sich die von Stavemann propagierte Methode des Sokratischen Dialogs bewährt (Stavemann, S. 214, 216 f., 234). Unter den „naiven“ Fragen des Therapeuten soll der Patient seine (alte) Sichtweise reflektieren,

Widersprüche und Mängel entdecken und Erkenntnisse zu (neuem) Handeln gewinnen.

Wir müssen die Vorstellung aufgeben, dass heute sicher geglaubte Gesetzmäßigkeiten und manche Weisheiten auch morgen noch genauso ihre Gültigkeit haben. Und: Die „Jungen“ leben oft nach anderen Werten als die „Alten“! Auch die gelernte Betrachtungsweise, dass Zeit Wunden heilt oder dass Schmerz und Verlust blind machen usw., sind Vorstellungen, die sich nicht als allgemeingültig erweisen. Schmerz kann sehend und überwundenes Leid kann mit der Zeit „reif“ und „weise“ machen. So unglaublich viele „Regeln“ und „Gesetze“ machen uns das Leben schwer. Beispiele: Das Leben ist gerecht. Alle meinen es gut mit mir. Leben darf nicht anstrengend sein. Alle Menschen müssen mich mögen .... (Ellis – Rational-Emotive-Therapie). Dies sind Vorstellungen, die sich in der Realität des Alltags als nicht richtig erweisen! (Im Zen heißt es: „Der Weise lernt und kennt alle Regeln – um dagegen zu verstoßen!“ Aber auch die Vorstellung, dass uns Krankheiten plötzlich überfallen, ist in den allermeisten Fällen nicht richtig: „Die Krankheiten befallen uns nicht aus heiterem Himmel, sondern entwickeln sich aus täglichen Sünden wider die Natur. Wenn diese sich gehäuft haben, brechen sie scheinbar auf einmal hervor“ Hippokrates; 460-370 v. Chr.).

Zuweilen wäre es gut, sich von liebgewordenen, aber nicht sinnvollen Gewohnheiten zu verabschieden. Es sind nicht nur jene Angewohnheiten, die unsere Angehörigen stören – es sind eingeschliffene Verhaltensweisen, die uns nur zu oft in den Status des Autopilot versetzen. Ohne nachzudenken, tun wir, was und wie wir es immer schon taten: zu schnell essen oder sprechen, zu ungeduldig die Umwelt beurteilen, zu sehr auf Äußerlichkeiten achten, sich zu wenig schonen, keine wirkliche Ordnung haben oder auch das „Loslassen“ nicht wirklich (täglich) einüben ... B. Ware hat in ihrem kürzlich erschienenen Buch: “5 Dinge ...“ dargelegt, was „die Sterbenden am meisten bereuen“:

• Nicht den Mut gehabt zu haben, so zu leben, wie es ihnen entsprochen hätte;

- zu hart gearbeitet zu haben;
- ihre Gefühle nicht wirklich ausgedrückt zu haben;
- den Kontakt zu Freunden vernachlässigt zu haben;
- zugelassen zu haben, n i c h t glücklich gewesen zu sein!

Zur gesunden, belastbaren Persönlichkeit gehört vor allem die Distanz zu sich selbst. Dazu gehört als Erstes die Erkenntnis, dass ich (immer noch) nicht so bin, wie ich „eigentlich" sein möchte! Ich muss den Gedanken loslassen, dass ich (besonders) wichtig wäre. Jede Form der „Selbstglamourisierung" ist für seelisch gesunde Menschen peinlich! (Ich weiß: Dies ist eine Wertung). Auch die scheinbar so entlastende Meinung, man sei nur deswegen (z.B. im Beruf) nicht dorthin gekommen, wo man hätte sein wollen, weil man eine schwierige Kindheit, ein schlechtes Elternhaus hatte ... Davon nimmt ein gescheiter Mensch Abschied! Im Sinne der Achtsamkeit nicht alles und jeden, auch nicht sich selber ... ständig bewerten und be- oder gar verurteilen zu wollen, ist ein Aspekt realistischer Lebenskunst. Kluge Menschen werden auch nichts bereuen; sie haben zur richtigen Zeit das getan oder gelassen, was sie konnten und wollten oder mussten – nicht mehr und nicht weniger. „Ausreden sind die Krücken des Unvermögens", schrieb Werner Bergengruen. Reue kränkt. Dankbarkeit fördert.

Vor allem ältere Menschen neigen dazu, sich und ihre Funktionen mit d e r Zeit zu vergleichen, als sie jünger waren. Der Vergleich mit anderen Menschen ist d i e Quelle der Unzufriedenheit; Vergleiche stellen das Ende von Lebensglück dar. (Ähnlich wie der Verdacht die seelische Ruhe zerstört!). Vielleicht ist es auch ein großer Irrtum, wenn Menschen im fortgeschrittenen Alter immer noch glauben, dass außer ihrem Tod noch etwas Wesentliches in ihrem Leben geschehen muss! Oder wenn sie meinen, für irgendetwas Wichtiges noch ganz viel Zeit zu haben ... (Oder dem Wahn erliegen, sie würden weder krank noch je sterben!).

Es ist meines Erachtens wichtig, dass wir im Leben Zäsuren setzen bzw. akzeptieren. Prozesse sollten möglichst abgeschlossen, Arbeiten beendet werden. Dabei helfen uns Rituale und das Verständnis dafür, dass alles nur „Übergänge“ sind. (Im Talmud finden wir – sinngemäß – die kluge Aussage: „Man kann nichts wirklich beenden – aber es ist keinem erlaubt, vorzeitig zu gehen!“). Wir s i n d nicht – wir w e r d e n ständig. Zum Werden gehört auch, dass wir Fähigkeiten verlieren können (Gedächtnis), dass wir uns verändern im Aussehen und in der Leistungskraft – aber eben auch, dass wir geduldiger und nachsichtiger, gelassener und weiser werden können.

Wir sollten uns nur bedingt von Erwartungen abhängig machen, die wir nicht selber kontrollieren können. Ansonsten sind Hoffnungen auf bessere Zeiten, Erwartungen auf „das Glück, das vom Himmel fällt“ (Lotto), Vorstellungen, Ängste und Befürchtungen, die weit in die Zukunft strahlen ... nicht unproblematisch. Geben uns Visionen einerseits Orientierung und Kraft, können sie unser Befinden, wenn wir uns von ihnen abhängig machen, in dem Fall, dass sie nicht eintreten, auch nachhaltig beeinträchtigen.

Irgendwann – im Alter? – entsteht dieses wohlige Bewusstsein, dass man die „Katastrophen des Lebens“ hinter sich hat, dass jetzt Stille einkehrt, dass der Bewusstseinslärm verklingt, dass keine Entscheidungen mehr getroffen, keine neuen Bedürfnisse mehr befriedigt werden müssen. Vielleicht entsteht sogar eine „Bilderstille“: Alles, was du je gesehen und erlebt hast, sinkt an den Grund deines Wesens und ruht dort. Man spürt: Es kann nichts mehr passieren. Wer sich jetzt auf die äußere Stille einlässt, kann auch innere Stille finden und spürt, dass jede Angst, aller Neid, die Gier oder die Aggression keinen Platz mehr haben können.

Es wäre gut, bei sich rechtzeitig „falsche Vorstellungen“ zu entrümpeln; ja, so wie man gelegentlich im eigenen Haus auch durch Entrümpeln neue Freiheiten und eine neue Ordnung findet. Abschied nehmen sollten wir von den vielen bekannten kleinen, angeblich Sicherheit gebenden Mauern, Gittern und Elendsquartieren in uns, um die Kraft für die fröhliche Ungewissheit eines erfüllten Lebens genießen zu können. Wie wir durch ein zu hohes Gewicht unseren physischen Körper (Wirbelsäule, Gefäße, Bänder ...) schädigen, schädigen wir durch zu viel Gelerntes, Gewolltes, Befürchtetes ... unseren seelischen Organismus. Mehr Leere gibt Raum, immer mehr Lehre fesselt! Reifere Menschen benötigen w e n i g e r als früher. Paul Baltes gab in einem Interview folgende Geschichte preis:

Der Vater eines amerikanischen Kollegen, „... ein emeritierter Hochschullehrer, kaufte sich eine Farm. Zunächst bewirtschaftete er alle um sein Haus liegenden Hügel. Als die Kräfte nachließen und er einen Unfall hatte, konzentrierte er sich auf den Garten. Schließlich machte er das Blumenfenster in seinem Wohnzimmer zum Zentrum seines Alltags, seiner Freude und seiner Produktivität. Mehr als hundert Jahre alt, hatte er immer noch eine sinnvolle Lebensaufgabe."

Die – seinsorientierte – Bejahung der Liebe zum Leben und die Versöhnung mit der menschlichen Unvollkommenheit (auch mit der eigenen) bedeutet, dass wir friedlicher und versöhnlicher miteinander umgehen können. Der Mensch ist und bleibt nun mal ein unvollendetes Kunstwerk.

**In Würde sterben – was bedeutet das für mich?**

Ich wünsche mir in der Endphase meines Lebens Menschen um mich herum, die es gut mit mir meinen und die mir ehrlich und wohlwollend gegenüberstehen. Ich sehe meine Vorbereitung auf mein Sterben als eine moralische und intellektuelle Herausforderung an, die ich mit Hilfe der mir dann nahe stehenden Menschen bewältigen möchte.

Ich möchte selbst erkennen, wann sich die biologische Lebenszeit dem Ende zuneigt. Aber ich möchte auch die Informationen bekommen, die ich benötige, um in Würde „gehen" zu können. Ich möchte die Gelassenheit bewahren, meinem Tod nicht mit Erschrecken zu begegnen, ihn nicht zu fürchten, sondern ihn in einer Haltung „weiser Souveränität" mit etwas Neugier hinzunehmen. Ich wünsche mir, keine unerträglichen Schmerzen erleiden zu müssen (Atemnot, große Übelkeit ...). Nur im Falle starker Schmerzen scheint mir der „Tod im Schlaf" sinnvoll zu sein. Es wäre schön (!), wenn ich die letzte Zeit meines Lebens beschwerdefrei und sinnvoll zum Verabschieden zur Verfügung hätte. Wenn die Zeit gekommen ist, möchte ich alles geregelt haben (das bleibt sicher ein Wunsch). Ich möchte mich nicht quälen müssen – und hoffe auf verständnisvolle Ärzte und Pfleger, die mein Sterben in Einklang mit meinem Leben und meinen Überzeugungen – z.B. der Selbstbestimmung – sehen. Dies vor allem, wenn ich nicht mehr selbst entscheiden kann; eine Demenz oder ein lang andauerndes Koma, aus dem ich nicht als „Ich" (das ich war oder bin) erwachen kann, stellen f ü r m i c h eine schwer erträgliche Vorstellung von einem für mich sinnvollen Leben dar. Eine physiologisch (medizinisch) mögliche Lebensverlängerung soll nicht angestrebt werden, wenn meine „Lebenszukunft" mit an Sicherheit grenzender Gewissheit nicht mehr mit meinen Vorstellungen von Würde, Ästhetik und „Lebenskontrolle" verbunden sein kann. Dies gilt auch und besonders nach einem möglichen schweren Schlaganfall, einem großen Herzinfarkt, einer Hirnblutung, einem Unfall oder anderen plötzlichen fast-tödlichen Ereignissen. Ich bin in einem Alter und in einer seelischen Verfassung, wo ich nicht „zurückgeholt“ werden möchte. Dazu gehört auch, dass ich möglichst weder anderen noch mir selbst die mit einem längeren Sterbeprozess verbundenen unterschiedlichen Ausscheidungen und Flüssigkeiten, die auch das Sterben unerträglich machen können, zumuten möchte.

Am liebsten würde ich an einem schönen Ort sterben; draußen im Park, auf der Terrasse, im Wald ... Ich glaube, dass ich zum Lebensende nicht allein sein möchte. In einem privaten Rahmen der Geborgenheit hätte ich gern – vielleicht mit einer sanften Musik – das Gefühl der Geborgenheit und Ruhe. Ich möchte keine Belehrungen oder Tröstungen über ein „Jenseits“! Gern würde ich auch als Sterbender „Lehrer“ und vielleicht ein Vorbild sein. Ich weiß, dass sich der Tod nicht kontrollieren lässt. Ich möchte nur im Ausnahmefall über die Chance der Lebensbeendigung verfügen können (Suizid), strebe das aber nicht an. Ich bitte aber meine Angehörigen, Freunde und Ärzte, einen solchen Wunsch nach Autonomie des Sterbens bei mir zu respektieren.

(M)Ein menschenwürdiges Sterben ist an mein Verständnis von Würde gebunden; Würde ist ein dem Menschen zugehöriger Wesenskern, der auch nicht zerfällt, wenn ich als Schwerkranker oder Sterbender nicht mehr über meinen Körper verfügen kann.

(*In Anlehnung an H. Christof Müller-Busch*)

**Dankbarkeit und Freude**

Es gibt immer wieder Momente im Leben, in denen man auf die erlebte Zeit zurückschaut und sich erinnert: an Begegnungen mit Menschen, Ereignisse und Erlebnisse, die einem auf seinem Weg durch die Welt widerfahren sind. Wenn wir in solchen Stunden zur Ruhe kommen und in einer ehrlichen Selbstbetrachtung eine Zwischenbilanz ziehen, können die meisten Menschen dabei lächeln. Es ist nicht alles so gewesen, wie man sich das gewünscht hätte – aber es ist auch ganz Vieles ganz anders gekommen, als man hätte vermuten können. Nie konnte man alles planen, nie alles im Vorhinein wissen, nie war uns wirklich bewusst, wie verbunden wir mit allem sind, was uns umgibt. Da entsteht die Empfindung der Geborgenheit, des Aufgehobenseins, der Zugehörigkeit, der Liebe. Wieder entsteht ein dankbares Lächeln. Ein kluger Mensch spürt in solchen Phasen seines Lebens, dass er kein abgesondertes Individuum ist.

Undank ist nicht der Welten Lohn! Dankbare Menschen sind gesünder, sozial belastbarer und weniger egozentrisch. Freude ist eine geistig-seelische Tugend, die integraler Bestandteil eines gelingenden Lebens ist. Es sind neben den äußeren Lebensbedingungen die inneren Einstellungen oder Haltungen zu den Ereignissen, die uns geschehen, die darüber entscheiden, ob wir unser Leben als „geglückt" und gelungen ansehen können.

Dankbarkeit ist ein Strukturelement der Freude und hat immer etwas mit Bescheidenheit zu tun. Die Geschichte „vom Fischer un syner Fru" macht uns deutlich, wie es wohl manchen (neidischen?) Menschen geht, wenn sie stets meinen, ihnen stünde mehr zu, als sie haben: Ihnen ist nichts gut genug, sie können sich über nichts wirklich freuen und wollen immer mehr. Theodor Fontane sagte: „Wer glücklich ist, sollte nicht noch glücklicher sein wollen". Diese ewigen Nörgler, die nur aus der Enge ihres Herzens ständig meckern und glauben, alles besser zu wissen, sind – unangenehm (um es vorsichtig auszudrücken).

Dankbarkeit ist – neben Freundlichkeit – das stärkste Bindemittel für zwischenmenschliche Beziehungen. Selbst im emotional-schwachen Austausch von Höflichkeiten schwingt die so wichtige Achtung und Anerkennung des Anderen mit.

Dankbarkeit erfordert Aufmerksamkeit und Reflexion. Es sind die kleinen Dinge des Alltags, die wir – leider – wie selbstverständlich hinnehmen, als müssten sie so sein. Wie viele Menschen wirken täglich daran mit, dass mir mein Tag gelingt? Wie viele Aufmerksamkeiten erfahre ich von Angehörigen, Freunden, Nachbarn, Kunden ...? Wie oft erfahre ich Unterstützung, Fürsorge und Hilfe?

Sind wir uns eigentlich bewusst, in welchem Ausmaß wir „von der Welt" getragen werden? Und: Wer könnte mir für welches Verhalten vielleicht dankbar sein?

Würden wir unsere Aufmerksamkeit mehr auf diese Weltsicht lenken, wären wir automatisch dankbarer. Wir Menschen neigen aber dazu, das, was ich habe oder bin, mit dem zu vergleichen, was ich hätte sein können oder was mir „angeblich" zusteht. Das ist eine ständige Quelle der Unzufriedenheit, des Leidens und des Selbstmitleids. Eine derartige Haltung oder Einstellung lässt Menschen in die Opferrolle sinken – und in der Passivität verharren.

Dankbarkeit verlangt also eine Ahnung davon, dass uns nichts wie selbstverständlich zusteht! Das hat nichts mit Selbstabwertung zu tun. Es ist Bescheidenheit. Etwas erhalten oder geschenkt bekommen zu haben, ist die eine Seite. Auf der anderen Seite darf sich der Schenkende glücklich schätzen, geben zu dürfen, da er sich vom Schicksal begünstigt erlebt. Und das darf er in unserem Kulturkreis auch gern zeigen – in aller Bescheidenheit!

Dankbare Menschen erkennen Werte; oder anders: Sie können unterscheiden, was wertvoll und was „Schund" ist. Ahnen wir noch, dass Millionen von Menschen vor unserer Zeit das Ausmaß an Ordnung, das uns umgibt, geschaffen haben? Unglaublich viele Menschen haben ihr Leben für Ideen wie Freiheit, Gerechtigkeit, Gleichberechtigung, Mitbestimmung usw. eingesetzt. Dichter und Musiker haben gedarbt, um uns Werke von hoher kultureller Bedeutung zu hinterlassen. Wir „nehmen" diese Errungenschaften als Kulturleistungen meist wie selbstverständlich hin. Es steht uns gut an, in Dankbarkeit diese kulturellen Errungenschaften zu bewahren, zu ergänzen und weiterzugeben.

Mit der Dankbarkeit ist es, wie bei vielen zwischenmenschlichen Phänomenen, nicht nur einfach. Im seelischen Wechselspiel von Geben und Nehmen darf der Gebende nicht durch die Gabe Macht gewinnen und Schuldgefühle evozieren wollen. Wenn der Beschenkte sich des Geschenkes nicht für würdig glaubt, wird das Geschenk (nach Nietzsche) zu einer „milden Form der Rache“: Der Beschenkte gerät in eine unbefriedigende Abhängigkeit; er kann seine Dankesschuld nicht wirklich abtragen. Denn wir Menschen haben, so wir seelisch gesund sind, ein „eingebautes“ Empfinden für Reziprozität! Wenn man mir Gutes tut, möchte ich meinem Gönner auch – irgendwann – Gutes tun! Anderenfalls kommt es zu einem „Unterlegenheits-Echo“. Wir müssen also auch ein Geschenk „aushalten“ können. In Japan ist ein Geschenk oft erst dann ein Geschenk, wenn es durch ein Gegengeschenk „ausgeglichen“ ist.

Für eine erfahrene Wohltat bedankt man sich. Manchmal lobpreist man den Wohltäter – und auch hier kann man durch übertriebenen Dank genau das Gegenteil erreichen: Zu dick aufgetragen, verdirbt man die Beziehung. Oder möchte der Gebende die süße Schmeichelei, die öffentliche Huldigung, den ewigen Dank? Dank angemessen auszusprechen, ist nicht einfach. Etwas anzunehmen, ist auch nicht jedermanns Sache. Aber wir können uns wechselseitig Gutes tun. Der „Staat“ zeigt engagierten, verdienten Mitbürgern seinen Dank, indem er „Plaketten“ oder Orden verteilt. Hier geht Dank mit Würdigung einher. Dass in diesem Zusammenhang oft Menschen ausgezeichnet werden, die sowieso schon in der Öffentlichkeit Anerkennung erfahren haben (z.B. in der öffentlichen Verwaltung), ist eher bedauerlich; denn es ist kein besonderes Verdienst, seine Aufgabe z.B. als Amtsleiter ordentlich gemacht zu haben. Wohl aber ist es einer Auszeichnung wert, wenn eine ehrenamtlich-sozial engagierte Frau seit Jahren einen Senioren-Nachmittag o.ä. organisiert. Aber: Es ist ein schwierige Aufgabe, Kriterien für Ehrungen zu erstellen und angemessen zu erfüllen.

Dankbarkeit und Freude hängen auch mit der eigenen Entwicklung zusammen: Immer dann, wenn man das Gefühl hat, jetzt ein Stück weiter zu sein als gestern, wenn einem die Entfaltung seiner Möglichkeiten gelungen ist, entsteht Zufriedenheit und Freude. Gegenteilige Einstellungen wären Trauer, Hoffnungslosigkeit und Angst. Der Mensch, dem Weisheit wichtig ist, wird sich aber immer bemühen, Hemmungen und Begrenzungen seiner Lebensfreude rasch zu überwinden. Wir haben immer die Freiheit der Entscheidung!

Und eine, wenn nicht d i e Form der Dankbarkeit ist es, gemeinsam Feste zu feiern. Dankbarkeit ist als „das moralische Gedächtnis der Menschheit“ bezeichnet worden – auch als „Gedächtnis des Herzens“. In der Dankbarkeit kommt die Gesinnung eines Menschen zum Vorschein, der ihm erwiesenes Gutes (auch das von seinen Vorfahren Übernommene!) anerkennt, sich dessen erinnert und es erwidert. Feiern und Feste sind immer Höhepunkte im menschlichen Zusammenleben. Wir erinnern uns ein Leben lang an glückliche, gemeinsame Stunden im Kreis liebenswerter Menschen. Erinnerungen sind der Schatz des Alters.

Dankbarkeit ist die Würdigung des kleinen Lebens im Verbund mit den Menschen, der Natur und Kultur – und die Würdigung des großen Lebens im Wandel aller Dinge.

**Alles ist Übergang**

Es war Nietzsche, der den Satz schrieb: „Doch alle Lust will Ewigkeit – will tiefe, tiefe Ewigkeit." Dieser Gedanke – irrational – verdeutlicht, wie sehr wir Menschen stets und überall das ewige Hier und Jetzt wünschen. Er nahm vorweg, was die heutige Glücksideologie so platt und unerfreulich macht: Alles ist zu jeder Zeit an jedem Ort möglich. Das Ziel des Lebens scheint nur noch darin zu liegen, den Moment zu genießen. Und dieser Moment soll möglichst „ewig" dauern!

Aber ein erfülltes Leben sieht anders aus: Das Ziel des Lebens ist nicht das „Ankommen" an der Schwelle des Todes, sondern die gelebte Zeit bis dahin. Auf dem Weg dorthin erleben wir das, was Leben bedeutsam macht: Sehnsüchte, Hoffnungen, Abenteuer, Versprechungen, Liebe, Erwartungen, auch Schmerz, Leid und Verdruss, Enttäuschungen und Verluste.

Wir leben in einer Zeit der Beschleunigung – nicht nur was die Überwindung der räumlichen Distanzen anbetrifft, sondern auch, was das Nicht-Aushalten-Wollen des Abstandes zwischen „Diagnose und Heilung" angeht: Naiv wollen wir – wie Kinder – hier und sofort „Erlösung" von der Warterei! („Wann sind wir endlich da?"). Nach Möglichkeit möchten wir den Zwischenraum von Erwartung und Erfüllung zum Verschwinden bringen. Das „Abwarten" soll abgeschafft werden. Die elektronische Kommunikation vernichtet alle räumlichen und zeitlichen Intervalle: Wir sind mit allen überall verbunden, wenn wir das wollen. Netzwerke der Banalität und Unverbindlichkeit werden geknüpft – und jeder kann von jedem zu jeder Zeit alles erfahren. Die „Schwellen" vom Plan zur Erfüllung verschwinden: Die Möglichkeit (und für viele der Zwang) zur totalen Sicht- und Verfügbarmachung mündet in eine neue Form der Entpersönlichung. Das gerade eben Neue ist sofort wieder veraltet – hat keine Dauer und wird damit rasch austauschbar. Man könnte auch sagen, dass die Gegenwart und der Genuss der Zeit dadurch immer kürzer werden. Zeitmangel und Rastlosigkeit stehen immer mehr im Widerspruch zu einer weisen Lebensweise: Weisheit (und Schönheit wie Wahrheit) will Kontinuität und Dauer, aber nicht Ewigkeit. Ein permanentes und beliebiges Nebeneinander von Informationen (und Aufgaben oder Waren) ergibt keinen Sinn. Man schwirrt dann nur noch in nervöser Unruhe von einer Gelegenheit zur anderen. Man rast nur noch von einer kleinen Gegenwart zur nächsten, ohne die Möglichkeit, etwas wirklich reif werden zu lassen und abzuschließen bzw. zu genießen.

Es sind die Zeiten des dauernden Übergangs, die das Leben lebenswert machen. Auch wenn das Warten zuweilen Quelle des Leidens und des Schmerzes sein kann, ist es zugleich im Übergang zwischen dem Vergangenen und dem Kommenden die Grundlage allen Erkennens. Warten ist auch Zeit der Heilung, des „Heil-Werdens". Damit menschliches Tun nicht zu purer Aktivität verkommt, ist es nötig, dem tätigen Leben das beschauliche, kontemplative Verweilen hinzuzugesellen. Im Betrachten, Zögern, Nachdenken, Innehalten und Abwägen reifen wir – vielleicht – zur Weisheit. Ohne Ruhe wird das Ruhende nicht sichtbar; und wer nicht innezuhalten vermag, wird keinen Zugang zum ganz Anderen erfahren.

Es ist ja ein beliebtes, philosophisches Gedankenspiel zu ergründen, wann genau Gegenwart sei: Denn der Moment, der gerade ist, ist im Moment des Aussprechens bereits vergangen – die Gegenwart selbst hat keine Substanz: Sie ist nur ein Übergangspunkt. Und wir wissen es: Nichts ist, alles war oder wird. In unserer schnelllebigen Zeit werden auch die zeitgebundenen Dinge viel rascher und oberflächlicher als früher vergehen: Sie werden schnell zu Vergangenem und entziehen sich so der vollen Aufmerksamkeit. Gegenwart wird zur (öffentlichen) punktuellen Aktualität. Statt Erleben findet Zerstreuung statt. Zeit scheint nur wertvoll zu sein, wenn sie angefüllt ist – aber diese Form der Fülle bringt immer weniger Erfüllung. Oft ist das Herumgetobe auf mehreren Hochzeiten gleichzeitig nichts anderes als leere Dauer ohne wirklichen Sinn, jedenfalls meist ohne Besinnung.

Wir spielen auf der Theaterbühne des Lebens mehrere Rollen – und es wäre psychologisch sinnvoll, erst seine (Berufs-)Rolle abzulegen, bevor man das Kleid des Vaters oder der Mutter anlegt. Wer nicht mehr klar unterscheiden kann, was ihm jetzt und nachher wichtig oder bedeutend ist, wer sich vom Gewesenen nicht trennen und das Zukünftige nicht abwarten kann, dem wird schwindlig, weil ihm alles zugleich und damit nichts mehr etwas bedeutet. Gerade jene Menschen, die nicht (immer) ihre Zeit allein bestimmen können, benötigen einen strukturierten Zeithaushalt, der ihnen Rhythmus und Ruhe gewährleistet. Zur Struktur des Tages und des Lebens gehört u.a., dass man einen Raum verlässt und in einen anderen hinüberwechselt. Dabei ist Langsamkeit geboten; nicht nur um dadurch das Gefühl des Gehetztseins zu vermeiden, sondern vor allem deshalb, weil das menschliche Gehirn Zeit benötigt, um wahrzunehmen, Sinneseindrücke zu verarbeiten und um daraus Schlüsse zu ziehen.

Nicht die Menge der Erfahrungen, sondern die Erfahrung der Dauer macht das Leben erfüllt. Der Moment ist flüchtig. Das Flüchtige zieht uns hinab. Der wahre Lebensgenuss entsteht aus dem nachleuchtenden Erinnern.

Wie viele Menschen habe ich erlebt, die über ihre schmerzlich erlebte Zeitnot klagten. „Der Druck ..., das Tempo ..., Termine ..., Karriere ...“ sind die Peitschen der Selbstversklavung. Getrieben von Ehrgeiz und einer Portion Gier haben diese meist noch jungen Führungskräfte längst jedes Maß für das wirkliche, sinnerfüllte Leben verloren. Sie nehmen weder rezeptiv noch produktiv an der Kultur ihrer Lebenswelt teil – dazu gehört sehr oft auch die eigene Familie. Literatur multipliziert das Leben – aber nicht Abstracts von Fachartikeln! Wer keine Zeit – oder kein Interesse – hat, um mit den Kulturgütern umzugehen, wird keine Bildung, höchstens Besitz und zweifelhafte Bewunderung ernten. Solche Menschen können oft Stille und Nichtstun nicht aushalten; sie haben nicht ihr Bedürfnis nach Ruhe und Verweilen kultiviert. Oft sind sie in mehreren Zeitzonen unterwegs, sind ohne festen Ort und trotzdem tags und nachts erreichbar. Welch Genuss hatte zum Vergleich dazu Sisyphus! Sie haben längst ihr Gespür für Formen und Schwingungen verloren, die nicht „nützlich“ sind; ihrem arbeitenden Geist entziehen sich das Langsame und Kontemplative; das Feine, Flüchtige, das Unscheinbare, das scheinbar Geringe, das Schwebende oder das Zögerliche ist bei ihnen ohne Bedeutung. Auch die Liebe? Diese „Macher“ sind entscheidungsstark, entschlossen zu handeln; aber sie sind nur ganz selten gelassen. Allein die Macht oder ihre Ohnmacht bestimmt ihr Verhältnis zu den Dingen. Sie beziehen ihre Identität aus ihrem Tätigsein; dies bestimmt aber nicht wirklich ihr Sein. Tüchtig sind solche Menschen – aber nicht glücklich, nicht einmal zufrieden!

Ob ein Wandel feststellbar ist? Umfragen deuten darauf hin, dass immer mehr junge Menschen nicht mehr bereit sind, berufliche Ziele über private Belange zu stellen. Zeitgleich nehmen die Zahlen der Burnout-Diagnose nicht ab; Studenten haben vermehrt Prüfungsängste, die psychischen Erkrankungen haben rapide zugenommen. Generation „Weichei"? Es wird zu einem Balanceakt: voll am Konsum teilhaben und sich trotzdem bescheiden; Ansprüche an die Arbeit und die Führungskräfte haben und mit Misserfolg umgehen können; Genuss wollen und wenig Disziplin einbringen ... Die Arbeitswelt verändert sich – nicht die seelischen Bedürfnisse der Menschen. Nur die Art, wie sie befriedigt werden sollen.

Betrachten wir unser Leben als Ganzes, wissen wir darum, dass es nur eine Episode, ein Übergang ist. Wie schnell sind wir alt, wie lange tot! Und vorher waren wir nicht da. Übergang. Wohin? Je reifer wir werden, umso stärker suchen wir die Verbindung zwischen Zeiten, Erfahrungen und Orten. Wir wissen um das Gestern, wir ahnen nur das Morgen – und wir wissen, dass alle Übergänge (im nicht-technischen Verständnis) fließend sind: wie das Licht dem Dunkel weicht, wie aus dem Winter der Frühling erwächst. Wie sich unser Leben – wenn es gut geht – dem Ende zuneigt, indem wir ein wenig Weisheit leben, die Angst vor dem letzten Schritt überwinden und uns damit abfinden, nicht wirklich zu wissen, was dann sein wird. Solange wir unterwegs sind, hoffen wir auf unsere Voll-Endung.

## Weisheitskompetenz

Würde man die wesentlichen Erkenntnisse der Weisheitsforschung heute zusammen fassen, käme man auf die nachfolgend dargestellten zehn Dimensionen.

***Perspektivwechsel:*** Inwieweit werden die verschiedenen Perspektiven der am Problem beteiligten Personen erkannt?

*Diese psychologische Basisstrategie ermöglicht es, ein Problem aus verschiedenen Perspektiven zu denken/zu sehen. Sie erhöht die Verhaltensflexibilität und steht in unmittelbarer Nähe zum Konzept der Empathie. Im Rollentausch können Menschen Zugang zu ganz neuen Informationen erhalten, die ihnen sonst verschlossen bleiben würden. Verständnis dem Anderen gegenüber wächst und wandelt sich eher in Sympathie. (Wer versteht, kann nur schwer „hassen"!).*

***Empathiefähigkeit:*** Können und werden Gefühle der am Problem beteiligten Personen erkannt und nachempfunden?

*Es handelt sich um die Fähigkeit, das emotionale Erleben eines anderen Menschen wahrzunehmen und mitfühlen zu können. (Beim Perspektivwechsel ist eher der Intellekt, hier eher das Mitempfinden gefragt. Dort sagt man: „Ich verstehe Dich" – hier: „Ich kann mit Dir mitfühlen"). Wichtig ist hier, dass Authentizität besteht: hohe Ehrlichkeit und ernsthaftes Bemühen; ein Mann kann kaum mitfühlen, wie es einer Frau geht, die vergewaltigt wurde!*

***Emotionswahrnehmung und -akzeptanz:*** Inwieweit werden (auch) eigene Gefühle erkannt/wahrgenommen und akzeptiert?

*Hier geht es im Wesentlichen um die Fähigkeit, eigene Emotionen möglichst „ehrlich" wahrzunehmen und sie nicht zu leugnen oder abzuwehren. Eine „Sub-Fähigkeit" ist auch, diese Gefühle zu benennen und auszudrücken, selbst oder gerade dann, wenn sie schmerzhaft und schambesetzt sind. Aus der philosophischen Weisheitsperspektive betrachtet bedeutet diese Fähigkeit, sich u.a. in widrige Gegebenheiten zu fügen und Unabänderliches in Würde zu ertragen.*

***Serenität***: Werden die eingenommenen Standpunkte und Argumente mit ***emotionaler Ausgeglichenheit*** vorgetragen? Humor?

*Das menschliche Verhalten wird durch Emotionen gesteuert; diese beeinflussen aber auch stark das Verhalten unserer Interaktionspartner. Situationsinadäquate, ungesteuerte und überschießende Emotionen lösen beim Gegenüber stets ein Unbehagen und zuweilen Verwirrung aus. Es geht – im Rahmen der Glaubwürdigkeit und Echtheit – darum, seine Emotionen nicht zu verstecken, sich aber auch nicht von ihnen in seinem Denken überschwemmen zu lassen. Im sozialen Kontakt ist es in vielen (öffentlichen) Situationen nötig, gewissen Rollenerwartungen zu entsprechen. (Es geht nicht um die Neutralisierung von Emotionen – z.B. als Pokerface!). Es gibt hier um interkulturelle, situative und alters- bzw. geschlechtsspezifische Varianten.*

*Humor und Selbstironie sind oft kurzfristig geeignet, kritische Situationen und Stimmungen aufzulockern.*

***Fakten- und Problemlösewissen***: Zeigt die Antwort sowohl generelles als auch spezifisches (z.B. Lebensereignisse, Institutionen...) Wissen um Probleme und die Möglichkeiten der Problembearbeitung?

*Es geht nicht nur um das „Überleben", sondern auch um das gute Leben! Damit ist auch das Wissen gemeint, wie man aus dem Ist-Zustand in den gewünschten Soll-Zustand kommen kann. Wir lernen im Leben auch neue Schemata zu entwickeln, mit denen wir Lebenssituationen meistern können. Gerade bei Lebens-Problemen geht es darum zu wissen, was zu den fundamentalen Fragen des Lebens gehört (Krankheit, Angst, Schmerz, Tod ...) und mit welchen Strategien man solche meist schwierigen Phasen/Situationen bewältigen kann. Ein gereifter/weiser Mensch erkennt für seine Lebenssituationen Regeln und Zusammenhänge und bedient sich fachkundiger Unterstützung bzw. nutzt eigene Einflussmöglichkeiten.*

***Kontextualismus***: Werden zeitliche und situative Faktoren des Problems erkannt und berücksichtigt?

*Alles was uns geschieht, steht in einem aktuellen, sozialen und „historischen" Rahmen/Kontext. Die zeitliche Einbettung aller Lebenssituationen in unsere Vergangenheit, in die Situation der Gegenwart und sogar auch in die*

*Zukunftsperspektive macht uns bewusst, dass wir zwar nicht immer nur „Herr im eigenen Haus“ sind – aber wohl viel öfter, als wir andere glauben machen wollen!*

***Wertrelativismus:*** Werden die Vielfalt von Werten und Lebenszielen (bei anderen Menschen) er- und anerkannt? Wird die Notwendigkeit, jede Person innerhalb ihres Wertesystems zu betrachten, wahrgenommen und akzeptiert, ohne dabei die eigenen Werte aus den Augen zu verlieren?

*Der Mensch hat grundsätzlich die Tendenz, s e i n e Einstellung als die „einzig richtige“ anzusehen; dieses emotionale Bedürfnis verleiht uns eine Schein-Sicherheit; wir umgeben uns dann besonders mit Menschen, die „genauso“ denken und fühlen, wie wir! Diese Haltung könnte zur Rigidität führen und zur monokausalen Erklärung aller Phänomene, zu einer nur-dualistischen Sicht und Bewertung von „richtig – falsch“ und „gläubig – ungläubig“, „politisch korrekt – inkorrekt“ …*

*Dem weisen Menschen gelingt die Distanz zum eigenen Standpunkt und eine Dezentrierung (nicht alles nur aus der eigenen Sicht und mit sich selbst im Mittelpunkt zu erleben). Eine gewisse Toleranz, ein gemäßigter Pluralismus und Sichtweisen aus einem erfahrungsmäßigen Universalismus sind Kennzeichen eines „weisen“ Menschen.*

***Nachhaltigkeitsorientierung:*** Inwieweit werden positive und negative sowie kurz- und langfristige Konsequenzen angesprochen, abgewogen und vermittelt?

*Der berühmte „Marshmallow-Test“ (Shoda, 1990) zeigte, dass 4-jährige Kinder, die einen Bedürfnis-Aufschub schafften (zugunsten eines späteren größeren Gewinns!) auch zehn Jahre später bei Nachuntersuchungen stressresistenter, erfolgreicher und leistungsfähiger waren; sie zeigten durchweg eine höhere Intelligenz!*

*Die meisten Strategien, die kurzfristig erfolgreich sind, führen längerfristig zu Nachteilen; während langfristige Erfolge meist kurzfristige Unannehmlichkeiten mit sich bringen. Die Fähigkeit, im Moment Unlustgefühle zugunsten späterer Gratifikationen auszuhalten, war für das Abschneiden in schulischen Tests doppelt so aussagekräftig wie der IQ!*

*Sein Verhalten am Wissen um diese Gesetzmäßigkeiten auszurichten, ist ein Aspekt von Lebensweisheit.*

***Unwissenheitstoleranz**:* Wird von der Person erkannt bzw. ist ihr bewusst, dass die Ergebnisse ihres Handelns (oder das Handeln Dritter) nicht immer vorhersagbar und kontrollierbar sind?

*Dieser „Lebens-Mut" erwächst aus der Fähigkeit und Bereitschaft, dass sich trotz besten Wissens und Gewissens nicht alles im Leben vorhersagen bzw. kontrollieren lässt. Es geht nicht nur um die Zukunft, sondern auch um die Unsicherheit bei der „perfekten" Deutung/Erklärung der Gegenwart bzw. der „völligen" Klärung des Vergangenen. Es gibt Unerklärliches, Unaussprechliches. Und: „Worüber man nicht sprechen kann, darüber muss man schweigen" (Wittgenstein). Es geht darum, Zukunft zuversichtlich anzugehen und nicht in katastrophierender Antizipation (Zukunftsangst) in einem Passiv-Verhalten zu verharren (Vogel-Strauss-Technik) bzw. nur zu handeln, wenn „volle" Kontrolle möglich ist (Risikobereitschaft).*

***Selbstdistanz und Anspruchsrelativierung**:* Wird Bescheidenheit gezeigt und gelebt und wird vermittelt, dass man selbst nicht „im Mittelpunkt der Welt" steht?

*Zu erkennen, dass andere Menschen andere Chancen anders genutzt haben, ist ein wesentliches Kriterium, um nicht N e i d zu empfinden. Fast alle Ereignisse der Welt laufen ab, ohne auf die Bedürfnisse des Einzelnen Rücksicht zu nehmen. (Change it, leave it or love it!). Dies anzuerkennen, schützt vor einem „lästigen Narzissmus"; es kommt darauf an, im Leben „seinen Platz" zu finden und damit auch zufrieden zu sein! Dem „Weisen" gelingt es, auch schwierige Lebenslagen jeweils in einem positiven Rahmen (Refraiming) zu sehen und noch „das Gute im Schlechten" zu erkennen. Bescheidenheit ist „Größe", nicht Herabwürdigung oder Abwertung.*

(Nach Staudinger u.a., 1994, und Böhmig-Krumhaar, 1998)

## Nachwort

Das Leben ist kurz, und es ist reich. Wir erkennen oft erst in der Rückschau, wie schön es war und ist und wie viel wir erlebt haben. Es sind die großen Themen des Lebens, die uns immer wieder beschäftigt haben: die Spannung zwischen Anfang und Ende, zwischen Sein und Schein. Es ist die Unfassbarkeit der tiefen Liebe. Konnten wir lieben und fühlten wir uns geliebt? Wir kennen den Kontrast zwischen Weg und Ziel. Wir haben „Gewinne" empfunden und Verluste erlebt, haben unsere Schwächen und Stärken gespürt und in Sehnsucht und Geduld das Leben mehr oder weniger gemeistert. Wir waren dem Guten und dem Bösen nah, sind barmherzig gewesen – und vielleicht haben wir auch Schuld auf uns geladen. Wir haben Angst und Hoffnung erfahren, Verrat und Vergebung erlebt. Mit anderen Menschen sind wir in friedlicher und schöner Nähe verbunden gewesen und haben verzeihen können oder an unserer „Unverzeihlichkeit" gelitten. Haben wir vergeben? Konnten wir uns selbst vergeben? Haben wir die Reue hinter uns gelassen? Können wir das Erinnern des Vergangenen in die Hoffnung für die Zukunft transformieren? Wir haben in der Natur gelernt und von der Kultur profitiert.

Die großen Gegensätze des Daseins sind uns bewusst geworden – und in allem hatten wir das Empfinden, dass es eine Zeit wie auch eine Unzeit gab. Das, was wir das Unumgängliche und das Widerwärtige nannten, haben wir mit Mühe und dem Versuch, es zu verstehen, ertragen. Dies auch, weil wir Hoffnung und Zuversicht kannten. Haben wir uns nicht als frei und unfrei zugleich erlebt? Wir haben gesehen, gefühlt und genossen – haben wir auch immer Erkenntnis gewonnen? Konnten wir Licht in das Dunkel tragen? Und konnten wir das Dunkel aushalten? Vieles ist Rätsel geblieben; auch manche Menschen in unserer Nähe. Wir haben das Nützliche und das Vergebliche kennen gelernt. Wir sind Wege und Irrwege gelaufen, zuweilen gestolpert. Wir sind Wichtigem und Belanglosem nachgelaufen. Wir sind zu Torheiten wie zur Weisheit befähigt. Wir haben uns engagiert und versucht, das Gute zu mehren. Über uns ist zuweilen verfügt worden – aber wir haben auch die Kraft und den Mut gefunden, selbst zu entscheiden. Es ist nicht das Ziel, das Leben zu verlängern, sondern zu vertiefen – es ist ein Ziel, auch den „alten Tagen" Leben hinzuzufügen.

Warum sind wir nicht schon von Anfang an ein wenig weise? Wieso müssen wir so schwerlich lernen, mit uns selbst und der Welt zurechtzukommen? Wo und wer waren unsere Lehrer, unsere Lehrerinnen des Lebens? Haben wir sie überhaupt erkannt und genügend gewürdigt? Manches haben wir mühsam gesucht und anderes ist uns zugefallen. In den stillen Stunden sind wir gereift. Aber auch die Katastrophen der Welt haben uns gelehrt, demütig, gütig und bescheiden zu sein.

Mein Lächeln ist der Erkenntnis geschuldet, dass ich mich von allen Dingen der Welt lösen kann, um ganz in dieser so widersprüchlichen Welt friedlich zu leben. „In aller Seelenruhe seh' ich das Getue!", ist mir eine Lieblingsformel geworden: das Gewesene nicht vergessen, das Gegenwärtige intensiv erleben und das Kommende nicht fürchten.

## Literaturverzeichnis

*Baltes*, Paul: Von der Kunst, Verluste durch Gewinne auszugleichen, in: GEO 8/2002, S. 61.

*Böhmig-Krumhaar*, Susanne, *Maercker*, Andreas und *Staudinger*, Ursula M.: Existentielle Konfrontation als Zugang zu weisheitsbezogenem Wissen und Urteilen, in: Zeitschrift für Entwicklungspsychologie und pädagogische Psychologie, 30/1998, S. 2-12.

*Buchmann*, Knud Eike u. *Frey-Luxemburger*, Monika: Der Ton macht die Musik – Der Taschen-Coach für gelungene Kommunikation, Stuttgart 2014.

*Müller-Busch*, H. Christof: Abschied braucht Zeit – Palliativmedizin und Ethik des Sterbens, Berlin 2012.

*Ellis*, Albert: Die Rational-Emotive Therapie. Das innere Selbstgespräch bei seelischen Problemen und seine Veränderung, München, 1977, 1993.

*Fromm*, Erich, Haben oder Sein: Die seelischen Grundlagen einer neuen Gesellschaft, 1976.

*Geißler*, Karlheinz A.: Lob der Pause – von der Vielfalt der Zeiten und der Poesie des Augenblicks, München 2012.

*Han*, Byung-Chul: Duft der Zeit – Ein philosophischer Essay zur Kunst des Verweilens, Transcript-XTEXTE 2009.

*Kopp*, Sheldon B.: Triffst du Buddha unterwegs … Psychotherapie und Selbsterfahrung, Frankfurt am Main 1978.

*Neiman*, Susan: Das Böse denken. Eine andere Geschichte der Philosophie, Frankfurt am Main 2006.

*Pöppel*, Ernst u. *Wagner*, Beatrice: dummheit – warum wir heute die einfachsten dinge nicht mehr wissen, München 2013.

*Staudinger*, U.M., *Smith*, J. und *Baltes*, P.B.: Handbuch zur Erfassung von weisheitsbezogenem Wissen, Max-Planck-Institut für Bildungsforschung, Berlin 1994, S. 27 f.

*Stavemann*, Harlich H. (Hrsg): KVT-Praxis-Strategien und Leitfäden für die kognitive Verhaltenstherapie, Beltz PVU, 2005.

*Ware*, Bronnie.: 5 Dinge, die Sterbende am meisten bereuen, München 2013.

*Willi*, Jürg: Psychologie der Liebe – persönliche Entwicklung durch Partnerbeziehungen, Stuttgart 2002.